온맘
OnMam

재혼가족 부모교육 코칭프로그램

| 김미옥 · 천성문 · 심운경 · 김찬미 공저 |

학지사

● 머리말 ●

재혼이란 가족 해체라는 아픔을 겪고 난 뒤 새로운 사람과 행복한 가족을 이루는 새로운 삶의 시작이다. 현재 자녀를 동반한 재혼율이 증가하고 있는 가운데, 성공적인 재혼가족을 이루기 위해서는 자녀들과 원활한 관계형성이 매우 중요하다. 그러나 재혼가족은 가족 간의 경계가 모호하고, 부모로서의 역할이 분명하지 않아 자녀와 효과적인 관계형성이 어렵다. 이러한 재혼가족은 부부의 체계가 형성되기도 전에 이미 부모-자녀관계가 형성되어 있기 때문에 새자녀를 양육하는 과정에서 서로의 다양한 이해와 관계형성에 어려움을 겪을 수 있다. 또한 자녀양육 과정에서 이미 형성된 양육방식이 새부모-자녀와의 관계에 부정적인 영향을 미칠 수도 있다. 특히 새자녀가 정체성 확립시기인 청소년기인 경우 친부모와의 충성심 갈등으로 인해 적응문제는 더욱 심각해지며, 재혼가족에 적응을 잘하던 자녀도 청소년기가 되면 친부모에 대한 관심이 높아져 새부모와 갈등을 겪게 된다.

재혼가족은 가족구조의 모호성으로 인해 각 구성원이 가족 안에서 어떤 역할을 감당해야 하는지 분명히 지각하지 못하기 때문에 역할에 대한 혼란과 긴장을 경험하게 된다. 이에 더하여 친부모의 자녀양육에 대한 지나친 간섭은 자녀에게 새로 형성된 가족을 심리적으로 가족이라 인정하기 어렵게 하고, 결국 가족에 대한 경계가 더욱 모호해져 재혼가족 구성원에 대한 역기능이 증가하게 된다. 따라서 재혼가족이 하나의 가족으로 온전히 자리매김하기 위해 재혼가족의 부모는 스스로와 자녀의 특징을 이해하고 이에 맞는 양육방식으로 부모-자녀 간 발생한 문제를 적절히 대처하여 재혼가족의 부모로서의 역할을 잘 수행해야 한다.

하지만 기존의 부모교육으로는 재혼가족 부모를 돕는 데 한계가 있다. 현재 재혼가족을 도울 수 있는 프로그램은 대부분 재혼을 준비하는 재혼예정자를 위한 프로그램으로, 재혼을 준비할 때 고려해야 할 사항이나 재혼가족 관계에서의 준비, 선행되어야 할 노력들을 미리 알려 주어 재혼예정자에게 도움을 줄 수 있다. 그러나 예방프로그램에 한정되어 있기에 재혼가족을 이루고 그 속에서 다양한 어려움에 봉착해 있는 재혼가족에게 적용하는 것에는 한계가 있다. 또한 외국에서 만들어진 재혼가족을 위한 부모교육 프로그램은 재혼생활을 유지하고 있는 재혼가족에 대한 이해 그리고 부모와 새자녀의 갈등상황에 대처하는 데 도움이 될 수 있으나, 우리나라 가족 정서와 재혼에 대한 사회적 인식을 이해하는 데에는 다소 부족한 부분이 있다. 이에 따라 이 책에서는 재혼가족 부모가 재혼생활에 잘 적응하고 자녀와의 관계를 보다 건강하게 형성하기 위한 적극적인 개입으로 집필진이 개발한 '온맘(OnMam) 재혼가족 부모교육 코칭 프로그램'을 소개하고 있다.

'온맘(OnMam) 재혼가족 부모교육 코칭프로그램'은 부모-자녀 간의 새로운 신뢰관계 형성을 바탕으로, 재혼가족 부모가 새롭게 형성하게 된 새자녀와의 관계에서 희망하는 부모로서의 역할과 관계의 목표를 설정한다. 그리고 이를 실행하기 위해서 재혼가족이라는 현실적 어려움을 점검하며 건강하고 행복한 가족을 형성하기 위한 새로운 대안을 모색하고 실천하는 'S-MIND 코칭모델'을 기반으로 하고 있다. 이 프로그램은 재혼가족 부모들이 겪는 어려움을 깊이 이해함으로써 그들의 감정, 사고, 행동의 변화를 유도하는 적응적인 차원에서의 교육과 코칭적 개입을 통해 보다 나은 부모-자녀관계를 형성하게 한다. 이를 통해 부모로서의 삶의 질을 높여 재혼가족 부모로서 보다 행복한 삶을 살아갈 수 있도록 코칭해 준다.

이 책은 전체 6개의 장으로 구성되어 있으며, 1장은 '우리 가족은 지금'을 주제로 복잡한 가족구조를 가진 재혼가족의 특징과 재혼 후 겪게 된 부모로서의 어려움 그리고 가족 전체의 어려움을 살펴봄으로써 재혼가족의 부모 역할을 이해하게 한다. 2장은 '나의 재혼 스토리'를 주제로 재혼을 결정하게 된 이유와 재혼 과정에서 자신과 자녀가 느꼈을 다양한 감정과 기대를 점검함으로써 서로에 대한 이해를 높이게 한다. 3장은 '새부모로 살아가야 하는 나'라는 주제로 재혼가족 부모로서 자신의 양육태도를 객관적으로 살펴보고 스스로의 양육태도가 자녀에게 미치는 영향을 이해하게 한다. 또한 자녀의 잘못된 행동에 대처할 수 있는 새로운 방법을 습득하며, 새로운 가족에서 상호존중의 중요성을 인식하게 한다. 4장은 '서로 통해요'를 주제로 부모 자신이 가지고 있는 감정과 기대가 자녀와의 관계에 미치는 영향을 이해하게 하고, 자녀와의 원활한 소통을 위한 심통심통 대화법을 익히게 한다. 5장은 '우리는 가족'을 주제로 재혼가족의 적응과정에서 발생하는 갈등을 이해하게 하고 심통 핵심 열쇠를 통해 갈등에 보다 긍정적이고 적극적으로 대처하게 한다. 6장은 '행복한 우리 가족'을 주제로 재혼가족이 새로운 추억을 만들어 가족으로서의 탄탄한 밑거름을 형성하도록 돕는다.

이 책을 잘 활용하기 위해서는 다음의 몇 가지 사항을 주목해야 한다.

첫째, 재혼가족 부모로서 현실적 어려움을 인식해야 한다. 자신의 현재 상태를 제대로 이해하지 못하면 재혼가족에게 적합한 부모로서의 역할과 양육의 목표를 수립할 수 없다.

둘째, 현실을 점검하고 대안을 찾아야 한다. 재혼가족의 관계구조와 현재의 상호작용을 알아야 자신의 가족에게 맞는 구체적이고 현실적인 대안을 마련할 수 있다.

셋째, 실천해야 한다. 새로운 가족을 형성하는 것은 처음 가족을 형성하는 것보다 더 많은 어려움에 직면하게 할 수 있다. 자신의 가족형태에 맞는 현실적이고 건강한 부모-자녀관계의 형성이라는 목표를 수립하고, 새로운 가족 문화를 형성하는 경험을 함으로써 자신이 원하는 가족의 모습을 만들어 갈 수 있다.

이 책은 증가하고 있는 재혼가족의 현실에 대해 이해하고 재혼가족 부모로서 자녀양육의 어려움을 자각하며, 부모로서의 역량 점검과 새로운 대안인 코칭적 접근을 통해 건강한 부모-자녀관계를 형성할 수 있도록 구성되어 있어, 이 책 자체가 코치의 역할을 수행하고 있다고 볼 수 있다. 따라서 이 책은 재혼가족을 이루고 있는 부모들의 건강한 부모역할을 돕는 부모교육 코칭프로그램의 활동 교재로 사용될 수 있을 뿐 아니라, 재혼을 준비하는 부모, 재혼가족 부모들에게 셀프코칭 지침서로 활용될 수 있을 것이다.

재혼가족 부모들이 가족 안에서 건강한 부모로서의 역할을 수행하고 나아가 자녀가 사회의 일원으로 성장하도록 도울 수 있게 하기 위해 노력한 집필진과, 책의 출판을 응원해 주신 경성대학교 상담심리 석·박사들과 이 기쁨을 함께 나누고자 한다. 또한 책의 출판을 기꺼이 허락해 주신 학지사와 완성도 높은 책으로 만들기 위해 애쓰신 많은 분께 깊은 감사의 마음을 전한다.

새로운 가족을 이루고 건강한 부모로서의 역할을 위해 고군분투하는 재혼가족 부모들 그리고 그들과 고민을 함께하는 모든 이에게 이 책을 바친다.

2017년 3월
저자 일동

●차례●

우리 가족은 지금

사랑이란 있는 그대로를 사랑해 주는 것입니다. 사랑하는 이가 '이랬으면 좋겠는데······.' 하고 바라는 건 사랑이 아닌 내 욕심의 투영입니다. 내 인생을, 사랑하는 사람을 통해 살려고 하지 마십시오. 그 사람의 인생을 살도록 놓아 주는 것이 진정한 사랑입니다. 내가 지금 느끼는 감정이 사랑인지 아닌지 헷갈릴 때가 있지요? 이럴 때 사랑인지 아닌지 알 수 있는 리트머스지와 같은 질문이 있습니다. "내 것을 마구 퍼 주어도 아깝지 않습니까?" 하나도 아깝지 않으면, 사랑입니다.

　　　　　　　　　　　　　　　　　　　　　　　　- 혜민스님, 『완벽하지 않은 것들에 대한 사랑』

재 혼이란 이혼의 아픔을 겪고 난 뒤 새로운 사람과 다시 행복한 가족을 이루기 위한 새로운 삶의 시작이다. 재혼가족은 부부 중 한 사람과 사별 또는 이혼 등 커다란 상실의 고통을 겪은 후, 새롭게 구성된 가족이기에 가족 모두에게 가슴 아픈 상처가 있다. 따라서 이들은 마음의 상처를 치유하는 데 많은 시간과 노력이 필요하다.

재혼가족은 가족을 지켜 내지 못했다는 죄책감과 수치심에 빠지기도 하며, 자신들을 문제 있는 가족 혹은 문제 있는 사람으로 바라보는 사회문화적 편견으로 인해 재혼 사실을 숨기기 위해 이사를 가기도 한다. 뿐만 아니라 결혼생활을 두 번 다시 실패할 수 없다는 생각으로 주변 사람에게 행복한 가족의 모습을 보여 주기 위하여 몇 배 더 많은 노력을 하기도 한다.

재혼가족은 가족의 구조, 기능, 가족관계, 정서적 측면 모두에서 초혼가족과는 다른 특성을 가지고 있다. 이로 인해 재혼가족은 초혼가족에서 일어날 수 있는 보편적인 문제인 부부간의 갈등, 부모-자녀 간의 갈등, 형제자매 간의 갈등, 부모-조부모 간의 갈등뿐만 아니라 새부모-친부모의 갈등, 새부모-새자녀의 갈등, 전 배우자와의 갈등까지 있어 큰 어려움을 겪고 있다. 또한 개인이 가족 안에서 어떤 역할을 감당해야 하는지 분명하게 알지 못하기 때문에 역할에 대한 혼란을 느끼게 되며, 친부모의 자녀양육에 대한 지나친 간섭은 새로 형성된 가족을 심리적으로 가족으로 인정하기 어렵게 하고, 이로 인해 가족에 대한 경계가 더욱 모호해져 재혼가족 구성원에 대한 역기능이 증가하게 된다.

재혼가족의 부모는 이전의 결혼생활에서 몸에 밴 습관으로 인해 배우자의 양육방식과 새자녀의 특징을 인정하기보다는 지금까지 해 온 자신의 양육 방식만을 고집하는 경향이 있다. 재혼가족의 부모로서의 역할을 잘 수행하기 위해서는 재혼가족의 특징이나 어려움 그리고 어떤 발달과정을 통해 서로를 이해하고 수용해 가야 하는지에 대한 전문적인 지식이 필요하다. 이를 통해 재혼가족이 하나의 가족으로 온전히 자리매김할 수 있으며, 자신과 자녀의 특징을 이해하고 이에 맞는 양육방식을 갖게 됨으로써 부모-자녀 간에 발생하는 문제에 적절히 대처할 수 있을 것이다.

재혼가족의 특징

재혼가족의 경우 재혼 당사자가 애정을 기반으로 한 결혼이라 하더라도 재혼으로 인해 새로운 부모나 형제자매가 생기면서 가족의 변화를 경험하게 되며, 이러한 새로운 가족관계에 익숙해지는데 오랜 시간이 필요하다. 특히 자녀를 동반한 재혼가족은 재혼 이전에 형성된 가족 구성원이 있기 때문에 초혼에서와 같은 방법으로 가족 구성원이 늘어나는 것이 아니다. 따라서 이로 인해 재혼가족 생활의 요구 및 과업이 상충되어 갈등이 발생하기도 한다. 또한 전 배우자와 전 조부모들이 재혼가족에 지속적으로 영향을 미칠 수도 있으므로 재혼가족의 새로운 결혼관계에서는 결혼 배우자에 대한 기대가 좌절되고 각자의 소망이 충족되지 못할 수도 있다. 또한 자녀와 부모 모두 효율적인 재혼가족 형성을 방해하는 충성심과 죄책감이라는 혼합된 감정을 가질 수 있어, 자녀가 새로운 재혼가족에 자발적으로 참여하지 않을 수 있다. 재혼가족의 구성원들은 대부분 재혼한 부부뿐만 아니라 자녀가 재혼가족에 적응하는 과정에서 역할갈등으로 인한 여러 가지 어려움을 경험할 수 있다.

재혼가족이 갖는 특징을 분류해 보면 다음과 같다.

복잡한 가족구조

재혼가족은 재혼부부, 친부모-친자녀, 새부모-새자녀, 친형제-새형제 등의 형제관계, 전 배우자와의 관계, 친조부모-계조부모 등의 친족관계가 포함되어 초혼가족보다 가족관계가 복잡하다. 또한 이들의 역할과 책임이 분명하게 규정되어 있지 않아서 관계가 복잡하고 규범이 모호하다. 따라서 남성과 여성 단 둘만으로 이루어지는 초혼가족과는 다르게 일관된 가족문화를 만드는 것이 재혼가족에게는 상대적으로 제약이 많다.

재혼가족의 부모-자녀관계는 자연적·혈연적 관계로만 이루어진 것이 아니라 재혼이라는 인위적으로 성립되는 관계다. 그러므로 맏이였던 자녀가 막내가 되거나 외동이었던 자녀가 장녀나 장남이 되는 등 현재 새부모와 자녀의 관계에 있어서 전 부모와의 관계나 지위의 영향을 받게 된다.

자녀에게 영향을 주는 친부모와 새부모

재혼가족의 자녀에게는 영향을 줄 수 있는 부모가 둘 이상이다. 재혼가족의 자녀는 부모의 이혼을 겪은 후, 재혼한 한쪽 부모와 살면서 비동거 부모와 접촉하는 경우가 많고, 그 결과 부모와 자녀 모두 감정적인 혼란과 긴장·갈등을 겪게 된다. 또는 부모 중 한 명과 사별했을 경우에는 현재의 가족생활에 집중할 수 있지만, 그 부모를 이상화하거나 집착의 대상으로 삼을 수도 있으며 새부모에 대한 고정관념이 작용하여 관계를 더욱 복잡하게 만들기도 한다.

또한 재혼가족의 자녀는 재혼한 부모의 두 가족 안에서 번갈아가며 생활을 하게 되기도 한다. 이러한 과정에서 재혼가족의 자녀는 의붓형제 간의 경쟁과 친부모 및 새부모와의 관계에서 불안감을 느끼게 되며, 가족 간의 문화적 차이로 인한 갈등을 경험하게 된다. 이렇듯 친부모와 새부모 사이에서 자녀가 심리적 갈등을 겪는 것은 새부모와 새자녀 간 유대감을 형성하는 데 걸림돌이 되기도 한다.

부부관계 이전에 형성된 부모-자녀관계

재혼가족의 가족관계 중 초혼과 가장 크게 다른 점 중 하나는 부부관계보다 부모-자녀관계가 먼저 성립되어 밀착되어 있다는 것이다. 재혼부모는 이 상황 속에서 부부관계를 새롭게 형성해 간다. 이때 새자녀는 부모를 새부모에게 빼앗긴다는 생각을 하게 되어 자신의 부모를 사이에 두고 새부모와 삼각 관계적 갈등구조를 형성하게 된다. 재혼가족의 부모-자녀관계에서는 자녀에 대한 재혼부모의 기대와 욕구 그리고 비동거부모와 친부모의 영향을 따로 나누어 생각하기가 어렵고, 심지어 사별한 부모의 존재조차도 부모-자녀관계에 영향을 미친다.

관계 형성에서 가장 중요한 것은 새부모가 자신의 훈육 방식을 재혼가족에게 적용할 때 서두르지 않아야 한다는 것이다. 새부모가 자녀에게 부모로서 존경을 받아야 하지만, 그렇게 되기 위해서는 상당한 시간과 노력이 필요하다.

추억과 문화의 단절

재혼가족은 서로 공유할 수 있는 추억과 문화가 단절되어 있다. 따라서 재혼 이전의 친부모와 공유했던 경험과 기억들은 새부모와 새자녀가 공유할 수 없다. 그 결과 서로 다른 추억과 문화로 인해 오해가 생기게 되며, 소외감으로 가족 정체감의 발달과 가족규칙 설정에 어려움이 발생할 수 있다.

지금까지 살펴본 바와 같이, 재혼가족은 서로 다른 가족의 결합으로 인해 가족구조가 복잡하고, 이전의 가족관계로 가족 구성원은 서로 다른 역사와 문화를 가지고 있어 서로에 대한 이해가 낮을 수밖에 없다. 그리고 친부모와 자녀 간의 유대가 부부간의 유대보다 더 먼저 형성되어 있어 가족의 발달단계가 혼란스럽고, 재혼 이전에 인생의 큰 스트레스 사건 및 변화 경험, 부족한 사회적 지지 체계로 인해 재혼생활에 부정적인 영향을 미치기도 한다. 이와 같은 특징으로 재혼가족은 친밀한 관계 형성과 가족 정체감 확립에 부정적인 영향을 받아 되풀이되는 가족의 해체 등 재혼 생활적응에 어려움을 겪게 된다.

　　이를 예방하기 위해 재혼 후 나의 어려움은 무엇인지, 그리고 우리 가족은 어떤 어려움을 겪고 있는지 살펴보자. 나와 가족의 어려움을 정확히 인식하는 것에서부터 생활적응은 시작된다.

활동가이드

　　〈활동지 1-1〉과 〈활동지 1-2〉는 재혼 후 내가 겪고 있는 어려움과 우리 가족이 겪고 있는 어려움이 무엇인지 알아보는 활동입니다.

1. 나를 중심으로 우리 가족을 도형(남자는 □, 여자는 ○)으로 그립니다.

2. 도형의 크기는 나에게 미치는 영향력을 의미합니다(도형의 크기가 크면 나에게 미치는 영향력이 크다는 것을 의미하고, 도형의 크기가 작으면 나에게 미치는 영향력이 작다는 것을 의미합니다).

3. 도형의 거리는 나와 그 가족 구성원의 심리적 거리를 의미합니다(나와 가깝게 그린 가족은 심리적 거리가 가깝다는 것을 의미하고, 멀리 그린 가족은 심리적 거리가 그만큼 멀다는 것을 의미합니다).

4. 색깔은 그 가족에 대한 느낌을 나타내는데, 그 색깔로 가족을 표현한 이유를 적어 본 뒤, 자신의 느낌을 말해 봅니다.

5. 재혼으로 인해 내가 느끼는 어려움과 가족이 느끼는 어려움에 대해 이야기를 나눕니다.

활동지 1-1 재혼 후 나의 어려움은?

🏠 가족 간의 관계를 크기와 거리, 색깔로 표시하고 이유를 적어 보세요.
(남자: □, 여자: ○, 크기: 영향력, 거리: 심리적 거리, 색깔: 느낌)

나

재혼 후 우리 가족의 어려움은?

🏠 가족 간의 관계에서 크기와 거리, 색깔로 표시하고 이유를 적어 보세요.
　(남자: □, 여자: ○, 크기: 영향력, 거리: 심리적 거리, 색깔: 느낌)

우리 가족

재혼가족의 어려움

많은 변화를 경험한 재혼가족은 복잡한 가족 역사를 가지고 있다. 재혼가족 구성원은 배우자나 부모의 죽음 또는 별거와 같은 중요한 상실 경험을 가지고 있다. 또한 서로 다른 경험과 전통, 가치, 기대를 지닌 사람들이 갑자기 한 가족으로 모이기 때문에 모호한 가족 경계, 재혼가족에 대한 사회의 부정적 인식과 편견, 사회적 지지체계의 부족, 반드시 행복해질 것이라는 비현실적 기대 등의 어려움을 겪는다. 이를 자세히 살펴보면 다음과 같다.

모호한 가족 경계

"아이들이 잘못한 것을 바르게 고치려 할 때 남편이 끼어들어서 날 힐책하면…. 내가 엄마잖아요. 남편이 그러면 엄마인 나는 뭘 하죠?"

"내가 맏며느리인데, 시어머니는 집안의 대소사를 나하고 얘기하는 게 아니라 아래 동서들하고 해요. 그럼 둘째 동서가 명령조로 저한테 전화를 해요."

"애가 아토피 발진이 온몸에 심하게 생겼는데, 남편이 전처에게 연락을 하려는 거예요. 크게 놀랐었어요. 내가 할 수 있는 일이 없는 것 같았어요.."

"아이들이 날 따르지 않을 때, 아이들에게 문제가 생길 때마다 남편, 시어머니 또는 형님까지 나서서 해결하려고 들 때…. 그게 가장 힘들었죠."

"하영이(친자녀)가 시댁식구들 사이에서 겉돌 때, 그때 재혼을 후회했었죠."

"나하고 은하(친자녀)만 모르고… 남편, 민수(새자녀), 시댁 식구 사이에서 우리가 남 같을 때, 우리가 편이 나눠진 객식구 같아서 맘이 좋지 않았었죠."

재혼가족은 이미 만들어져 있는 가족관계로 인해 가족의 경계가 명확하지 않아 각 가족 구성원이 어떤 역할과 일을 감당해야 하는지 분명히 알지 못해 역할혼란과 역할긴장을 경험하게 된다. 재혼가족의 경우 자녀가 비동거부모와 새부모 사이를 오가거나, 자녀양육에 있어 비동거부모가 간접적으로 부모역할을 하려고 간섭해 올 때 혹은 재혼가족을 이루었음에도 심리적으로 한 가족으로 인정되지 않을 때 가족경계가 모호해질 수 있고, 이러한 경계의 모호성이 커질수록 가족 구성원의 스트레스와 역기능이 커진다.

특히 새부모는 자녀에게 부모로서의 역할과 훈육을 어느 정도까지 수행해야 할지, 새자녀가 이를 얼마나 수용할지 등과 관련하여 역할과 관계의 어려움을 경험한다. 또한 모든 재혼가족은 가족의 형성 과정에서 가족 지위의 변화가 생겨 외동이었던 자녀가 갑자기 둘째가 될 수 있고, 맏이가 막내가 되는 상황에 처할 수도 있다. 이로 인해 재혼가족 내의 위계는 매우 불분명해지고, 이러한 위계에 대한 명확한 해결이 이루어지지 않은 채 남아 있을 수 있다. 이러한 변화는 새형제자매, 새부모-자녀 사이에 갈등을 만들게 되고, 가족 구성원이 어떠한 역할을 수행해야 하는지 모호함을 만들어 재혼가족이 새로운 가족구조로 발전하는 데 많은 어려움을 겪게 한다.

재혼가족에 대한 사회의 부정적 인식과 편견

"계모잖아요. 계모하면 무슨 생각이 먼저 떠오르세요? 팥쥐 엄마예요. 얼굴에 곰보가 더덕더덕한 심술궂고 악독한 엄마의 모습. 아무리 아이들을 사랑해도, '지가 낳은 자식처럼 예쁠까?'하는 말을 들으면 이혼과 재혼은 다시 해서는 안 될 상처가 돼요. 자신이나 부모님 모두에게요. 떳떳하지 못하고… '나를 어떻게 볼까?'하는 생각에서 한때는 관계가 소원해지기도 했어요. 사회에서 만나는 사람들에게 재혼녀란 말을 하지 않았었죠. 이혼녀다, 재혼녀다 하는 선입견이 싫었고, 결혼에 실패했다고 생각했었으니까요."

재혼에 대한 사회의 부정적인 인식과 편견은 재혼가족의 적응을 더욱 어렵게 한다. 재혼이 점차 증가하고 있음에는 불구하고 재혼가족의 관계에 대한 현실적인 해결책이 없는 것과 새부모에 대한 부정적인 인식과 새자녀에 대한 동정과 편견은 재혼가족의 자녀를 문제나 불행한 아이로 낙인찍거나 재혼가족을 '문제가족'으로 인식하도록 한다. 이처럼 많은 사람이 갖고 있는 재혼가족에 대한 부정적 이미지는 잘못된 문화적 편견과 선입견을 만들고, 재혼가족의 관계 형성에 부정적인 결과를 초래하는 요인이 될 수 있다.

사회적 지지체계의 부족

"엄마는 재혼한 사실을 아무에게도 말 안 해요. 교회 목사님만 아시는 것 같아요. 할머니는 돌아가시고, 새아버지의 친척들 뿐만 아니라 제 친구들과도 거리를 두었어요. 그래서 처음에는 친구들을 집에 안 데리고 왔었어요."

"아빠는 새로 이사 온 동네 사람들한테는 거의 숨겨요. 철저하게요. 나도 친구들한테 말 안 해요."

"재혼여성을 좋게 보지는 않잖아요. 재혼하면서 친구들이나 아는 분들한테서 그런 시선을 느낄 때… 사람 만나는 것이 두려울 때가 있었어요."

재혼가족은 사회적 지지체계가 부족하다. 최근 재혼가족의 증가에도 불구하고 아직까지 우리 사회에서는 새부모에 대한 사회적 지지가 부족하고, 새자녀에 대한 고정관념이 작용한다. 또한 새부모와 새자녀 사이에서 법적 관계가 모호하기 때문에 친밀한 부모−자녀, 형제자매 관계의 형성과 가족 정체감 확립에 많은 어려움이 있다.

반드시 행복해질 거라는 비현실적인 기대

"우리는 정말 사랑해서 다시 결혼한 거예요. 내가 그 사람을 사랑하니까 당연히 그 사람의 아이들도 사랑할 거예요. 아이들도 나를 사랑해 줄 거예요."

"과거를 정리하고 지금 새로운 가족을 꾸린 것이 잘한 선택이었다는 것을 우리를 아는 사람들에게 보여 주는 것, 그것이 바로 가족의 화목이라고 생각해요. 더 이상 이혼은 없다. 그러기 위해서는 어떤 집보다 더 서로를 이해하고 아끼고 산다는 그런 모습을 보여 줄 거예요."

초혼자뿐만 아니라 재혼자는 결혼이 자신에게 전적인 행복을 가져다줄 것이라는 비현실적인 기대를 갖는다. 특히 이미 많은 상실과 좌절을 경험한 재혼자는 재혼을 통해 그러한 어려움이 모두 사라지고, 서로 애정적이고 화목한 가정이 될 것이라고 생각한다. 불행히도 많은 남녀가 이러한 비현실적인 기대를 안고 재혼을 하지만, 새로운 가족의 혼돈 상태가 안정되기도 전에 재혼에 대한 이러한 비현실적인 환상에서 깨어나 죄책감과 자책감을 느끼게 된다. 재혼부부의 비현실적 기대와 냉엄한 현실 사이의 불일치가 클수록 실망과 당혹감도 커지게 마련이다.

재혼가족의 부모

일반적인 초혼가족에서의 가족 구성원의 역할은 명확하게 정해져 있지만, 재혼가족의 부모나 자녀는 적절한 행동양식을 알지 못해 혼란과 긴장을 겪게 된다. 또한 재혼가족은 일반적인 가족과는 다른 특징이 있으므로 이전에 했던 것과는 매우 다른 효과적인 부모역할이 필요하다. 따라서 재혼가족의 새부모는 서로 다른 가족의 역사와 가치관, 행동양식을 존중해 주어야 하며, 그들만의 안정적인 생활양식을 만들고 일체감과 협동을 이루기 위해서 인내심과 융통성을 개발해야 한다.

즉, 새부모는 재혼가족이 초혼가족과 같을 것이라는 기대, 별 노력 없이도 새자녀에게 쉽게 애정을 느낄 것이라는 기대, 새자녀가 자신의 훈육을 잘 수용할 것이라는 기대, 새자녀가 시간이 지나면 친부모를 잊을 것이라는 기대, 재혼한 배우자가 친자녀와 새자녀를 구분 없이 공평하게 대할 거라는 기대를 버리는 것이 필요하다.

새부모임을 인정

새부모는 친부모를 대신하려 하거나 친부모보다 더 잘하려는 노력을 하지 말고 자신이 새부모임을 인정하는 것이 필요하다. 친부모와 자녀의 인연은 대단히 강력한 것으로서 그 어떤 것으로도 끊을 수가 없다. 연락이 끊어졌거나, 설사 사망을 했다 하더라도 새부모는 자녀의 마음속에 친부모가 영원히 존재한다는 사실을 인정해야 한다. 특히 한쪽 부모의 사별 후 부모의 재혼을 맞이한 자녀는 부모의 죽음을 겪는 과정에서 부모를 이상화하게 되어 나쁜 감정을 가질 수 없기 때문에 그만큼 새부모를 더 미워하며 받아들려고 하지 않는다. 그러므로 친부모를 빨리 잊어야 한다는 생각으로 자녀에게 부담을 주지 말고 기억을 간직할 수 있도록 배려해 주는 것이 현명하다. 어린 자녀일수록 부모의 이혼과 사별이 모두 자신의 잘못 때문이라는 오해를 하게 되어 죄책감과 고통스러운 부정적인 감정을 갖게 된다. 새부모는 새자녀가 부정적인 감정을 표현하지 않더라도 정서적인 지지를 해 주는 지지자가 되어 주어야 한다.

새자녀의 부모가 된다는 것은 새로운 도전

재혼가정을 이룬 새부모는 자녀에게 자신들이 부모 역할의 전문가가 아니며, 부모역할을 잘하기 위해서 노력한다는 것을 알려 주어야 한다. 그리고 자신 또한 학습의 과정 중에 있음을 인정하는 것이 필요하다. 재혼가족의 부모가 부모역할의 어려움에 대해 먼저 솔직하게 털어 놓게 되면 자녀와 신뢰감을 형성할 수 있게 된다. 재혼가족 부모의 역할은 친구, 역할 모델, 멘토 등 다양하며, 이 중 특히 새자녀와 친구가 되는 것은 좋은 방법이다. 새자녀에게 친구가 되어 준다는 것은 그들의 말을 경청하고, 문제를 함께 의논하고, 이야기를 나누며, 존중해 주는 것을 의미한다.

새로운 유대관계 형성

부모-자녀 간에 건강하고 친밀한 관계를 형성하는 것에는 많은 노력이 따른다. 재혼가족의 부모-자녀 사이에는 이보다 더 많은 노력과 서로에 대한 이해가 필요하다. 자녀와 재혼부부 간의 관계가 부정적일 경우, 자녀는 부모의 합리적인 좋은 생각까지도 받아들이려고 하지 않는다. 사춘기의 자녀가 부모에게 반항하는 것처럼, 재혼가족의 자녀는 새부모가 자신에게 강압적인 통제를 할 수 없다는 것을 보여 주기 위해 부모에게 더욱더 반항하게 된다.

또한 재혼가족에서 협력적인 부모-자녀 관계를 맺기 위해서는 새자녀의 친부모에 대해 부정적인 말을 하지 않는 것이 필요하다. 친부모에 대한 부정적인 말은 새자녀의 자아존중감을 파괴하고, 새부모에 대한 신뢰감을 약화시킨다. 새부모가 새자녀의 친부모에 대해 부정적인 말을 하지 않으며 친부모에 대해 느끼는 감정을 지지해 줄 수 있다면, 서로 간에 신뢰감이 자라게 되고 협력적인 관계를 맺을 수 있을 것이다.

관계 형성을 위한 충분한 시간과 노력

재혼부모끼리는 서로 새배우자를 사랑해서 재혼을 했어도 재혼가족의 부모-자녀 간에 즉각적으로 사랑이 생기는 것은 아니다. 새부모의 경우, 재혼가족 초기에는 친자녀에게 느끼는 사랑만큼 새자녀를 사랑하지 않는 것이 정상이다. 또한 새자녀 역시 친부모에게 느끼는 사랑만큼 새부모를 사랑하지 않는 것이 당연하다. 어쩌면 오랜 시간이 지나도 새부모-새자녀 간에 사랑의 감정이 생기지 않을 수도 있다.

가족이 서로 사랑하기까지는 시간과 노력이 필요하므로 충분한 시간을 갖고 상호 간의 수용과 신뢰감을 형성하는 데 집중하는 것이 필요하다. 새자녀에게 느끼는 긍정적인 감정은 표현하는 것이 좋지만, 사랑의 감정이 진심으로 생기기 전에는 '사랑한다'는 말을 하지 않는 것이 좋다. 왜냐하면 새자녀가 이를 억지로 또는 과장해서 하는 표현이라고 여기고 불신감을 가질 수 있기 때문이다. 새자녀가 새로운 가족에 소속감을 느끼고 살아갈 수 있도록 존중해 주고 아껴 주는 생활이 계속 유지되면 사랑하는 감정이 자연스럽게 생길 것이다.

새부모 역할 수행에 필요한 인내심과 융통성

재혼가족에게 새부모로서의 역할은 친부모-자녀와의 관계처럼 자연스럽지 않다는 것을 이해해야 한다. 관계를 형성하는 데는 시간이 필요하므로 좋은 부모가 되겠다는 조급함과 부담감을 내려놓고 인내심과 융통성을 갖고 기다리는 것이 필요하다. 따라서 새자녀가 친부모를 사랑하는 욕구를 인정해 주고 섣불리 친부모를 대신하려 들지 않도록 한다. 서로를 알아 가는 충분한 시간을 가지고 서로의 역할을 자연스럽게 받아들일 때까지 서두르지 말고 천천히 접근하면서 자신에게 주어진 역할을 수행해야 할 것이다.

너무 서두르거나 조바심을 내서 부모 역할을 수행하려고 애를 쓰거나 부모

대접을 받으려고 하면 더 큰 문제가 발생할 수도 있다.

〈활동지 1-3〉은 나를 소개하는 활동입니다.

1. 재혼가족 부모교육 코칭프로그램을 통해 내가 변화하기를 기대하는 정도를 알아봅니다. 기대하는 정도에 따라 1점에서 10점까지 점수를 매기고 기대하는 바를 적어 봅니다.

2. 자신의 이름으로 삼행시를 지어 나를 소개해 봅니다.

3. 내가 생각하는 부모로서의 나와, 가족들이 생각하는 나에 대해 알아봅니다.

활동지 1-3 **나를 소개합니다**

1. 재혼가족 부모교육 코칭프로그램을 통한 우리 가족의 변화기대는 몇 점인가요?

전혀 없다	1	2	3	4	5	6	7	8	9	10	매우 높다

2. 재혼가족 부모교육 코칭프로그램을 통해 나는 무엇을 기대하나요?

나는 _____ 부모가 되고 싶어요.

3. 나의 이름으로 삼행시를 지어 자기소개해 보세요.

4. 나는 ○○한 엄마/아빠예요.

내가 생각하는 나	
가족이 생각하는 나	

S-MIND 코칭모델

코칭학자들은 부모의 자녀 양육 과정을 돕는 효과적인 방법으로는 일방적인 부모교육보다는 코칭의 형태를 띤 교육이 더 적절하다고 주장한다. 이에 따라 '온맘(OnMam) 재혼가족 부모교육 코칭프로그램'은 S-MIND 코칭모델을 기반으로 한다. S-MIND 코칭모델은 코치와 코칭받는 사람 간의 신뢰적인 관계를 바탕으로 코칭받는 사람이 자신의 목표를 스스로 설정하고 이를 실행할 수 있도록 하여, 코칭받는 사람의 현실을 점검하고 스스로 행동변화를 위한 대안을 탐색하며 실천해 보는 경험을 할 수 있도록 지원하고 돕는 과정이다.

S-MIND 코칭모델에 대해 자세히 살펴보면 [그림 1-1]과 같다.

[그림 1-1] S-MIND 코칭모델

출처: 천성문, 김미옥, 최정아, 천보경, 심운경, 송정은, 김수진, 탁희욱, 강은아(2016).

1단계: S

1단계 S(Seeing You & Me)는 라포형성 단계다. 라포형성이란 두 사람 이상의 관계에서 발생되는 공감적이며 상호 반응적인 일치감을 나타내는 상태를 말한다. 라포가 형성되면, 호감 및 신뢰감이 생기고 마음속의 깊은 생각까지도 표현할 수 있다. 따라서 대화의 전제조건으로 라포형성이 중요하며, 라포가 쌓일수록 내면의 말들을 자연스럽게 할 수 있다. 이는 코칭을 경험하는 부모 그리고 부모가 코치해야 하는 자녀 모두에게 적용되는 부분이다. 라포를 형성하는 한 가지 방법은 상대의 말과 행동을 자연스럽게 따라하는 것으로 이로 인해 경계심이 저절로 느슨해질 수 있다. 사람은 비슷한 모습을 보이거나 행동을 하는 사람과 더 마음이 잘 맞게 되며 호감을 느끼기도 쉽기 때문이다. 상대의 표정, 동작, 움직임, 말의 속도, 목소리 크기 등을 따라함으로써 경계심을 풀고 쉽게 친해지며, 신뢰감과 안정감을 형성할 수 있다. 라포를 형성하는 다른 방법으로는 상대방이 한 말의 요점을 잘 파악하여 상대방의 이야기 내용을 정리하거나, 상대방의 행동과 심리 상태를 관찰하여 변화하는 감정을 잘 살펴봐 주는 것이 있다. 이 방법 역시 상대방에게 안심을 주어 앞으로의 관계 형성에 긍정적인 영향을 미칠 수 있다. 이는 친밀감을 나누는 과정으로서 부모코칭 전체 프로그램이 지향하는 관계가 형성된다.

특히 재혼가족의 경우, 새로이 부모-자녀관계가 된 상황에서 심리적으로 서로 가깝지 않아 어색하고 관계의 어려움을 겪고 있는 서로를 이해하고 코칭하는 가운데 진실로 친밀해지고 신뢰가 바탕이 된 부모-자녀관계로 변화하게 될 것이다. 매 회기 시작 부분에서 함께 하게 될 라포형성 활동을 통해 코치와 코칭받는 사람가 점차 친밀해질 뿐 아니라, 가족에서 자녀와도 이런 활동을 즐김으로써 부모-자녀관계를 친밀하게 변화하게 한다. 다음은 라포형성을 위한 질문의 예시다.

- 오늘 오면서 기분이 어떠셨어요?
- 오늘은 자녀와 어떤 일이 있었나요?
- 요즘 아이와의 관계는 어떠세요?
- 아이가 그렇게 말할 때 어떻게 하셨어요?
- 이 밖에 별칭으로 자기소개하기, 오늘 기분 나누기, 과제 점검하기 등이 있다.

2단계: M

　2단계 M(Map Finding)은 목표설정 단계다. 목표는 적절하면서도 구체적이며 도전적이어야 한다. 코치는 코칭받는 사람으로 하여금 목표에 대한 주인의식을 갖게 해야 하는데, 이때 목표는 현실적이고 객관적이어야 한다. 너무 비현실적인 목표를 설정하면, 실패를 경험하고 관계를 엉망으로 만들 수도 있기 때문에 이 단계에서는 성장하고 싶은 부분에 대하여 성취목표를 정한다. 목표설정의 원리는 다음과 같다.

　첫째, 설정한 목표를 성취할 수 있도록 명확하고 구체적으로 정해야 한다. 이를테면 자녀와의 소통에 대한 목표를 세울 때, '자주 이야기하기'나 '잘 이야기하기'라는 목표보다 '일주일에 세 번 자녀의 학교생활에 대해 10분 간 서로 이야기 나누기'라는 목표를 설정하는 것이 더 효과적이다. 애매한 목표를 세우게 되면 실천하는 것에 대한 책임이나 구체적인 평가가 이루어지지 않기 때문에 목표 행동을 지속하기가 어렵다. 하지만 구체적인 목표설정을 하게 되면 이후 수행이 크게 향상되고, 높은 실적이 유지될 수 있다.

　둘째, 양과 질, 영향력이 측정 가능해야 한다. 개인은 행동할 때 어떤 결과를 얻을 수 있는가를 생각하고 그 기대에 따라 행동을 결정한다. 기대감은 개인이 일정한 수준의 노력을 기울인다면 특정한 목표를 달성할 수 있을 것이라는 주관적 감정 정도를 나타낸다. 부모가 코칭받는 과정에서 스스로 변화하거나 기대하는 바를 구체적인 양과 질, 영향력 등으로 측정 가능한 목표를 수립하고 평가한다면 프로그램 참여와 실천에 대한 기대 수준이 높아지고 만족감이 올라가 프로그램 참여와 그 이후에 긍정적인 행동의 지속 수준 또한 높아질 것이다.

- 당신이 이 프로그램 참여를 통해서 이루고자 하는 목표는 무엇인가요?
- 새자녀와의 관계에서 무엇이 변화하기를 기대하나요?
- 당신의 재혼가족 안에서 어떤 변화가 필요한가요?

- 이 밖에 새자녀와 하루에 1번 눈 마주치기, 하루에 한 번 문자로 안부 묻기, 화나지 않았다고 말하지 않기, 심통심통(心痛心通) 대화법으로 나의 기분을 자녀에게 전달하기 등이 있다.

3단계: I

3단계 I(Investigation)는 현실점검 단계다. 현실을 바탕으로 하는 목표를 설정하기 위해서는 현실을 점검해야 한다. 목표와 관련된 부모 자신의 상황이 어떤지 점검하는 것이다. 코치는 코칭받는 사람의 현재 상황을 점검하기 위해서 새부모의 양육태도가 현재 자녀와의 관계에 미치는 영향, 부모 자신이 겪은 자녀로서의 경험이 현재에 미치는 영향, 과거 자신의 부모 양육태도에 대한 생각, 친부모와 새부모의 가치관·교육관·양육관 등에 대한 다각도에서의 현실점검이 필요하다. 또한 새자녀의 기질, 기대와 욕구, 바람에 대한 점검이 필요하다. 재혼가족에서 새롭게 형성된 부모-자녀관계는 한쪽의 일방적인 기대와 바람만을 이해한다고 해서 건강한 관계가 이루어지지는 않는다. 따라서 상호작용하는 양쪽 모두의 현실을 점검해야 한다.

재혼가족에서 부모-자녀 간의 갈등은 자녀의 일방적인 문제행동뿐만 아니라 문제를 야기하게 하는 재혼부모 간의 양육태도의 차이, 새부모-새자녀의 기치관의 차이 및 욕구의 차이에서 발생할 수 있음을 새부모와 새자녀가 명확하게 인식하지 못하기 때문에 발생하기도 한다.

- 그 목표와 관련하여 현실은 어떠한가요?
- 현재 자녀와 나 사이에 어떤 일이 일어나고 있나요?
- 현재 상황에서 느끼는 감정은 어떠한가요?
- 현재 자녀와의 관계를 가장 방해하는 요인이 있다면 무엇인가요?
- 현재 성숙한 부모로서 당신의 수준은 10점 만점에 몇 점인가요?

- 새자녀와의 관계에서 부모로서 만족하는 상황은 언제인가요?
- 이 밖에 부모–자녀관계 점수 확인, 부모로서의 나의 강점과 약점 찾기, 자녀와의 관계에서의 걸림돌 확인 등이 있다.

4단계: N

4단계 N(New Planning)은 대안탐색 단계다. 대안이란 어떤 목표를 달성하기 위해 선택할 수 있는 행동 노선, 즉 선택 가능한 정책 수단을 말한다. 자녀양육에 대한 목표를 정립하고 상황을 분석하고 난 다음에는 여러 개의 가능한 행동 노선, 즉 대안을 탐색하고 그것들을 상호 비교·평가해 최선의 대안을 선택해야 한다.

재혼가족의 부모가 자녀와의 관계에서 문제를 해결하는 데는 오직 하나의 방법이 있는 것이 아니라 여러 가지 방법이 있을 수 있다. 이때 부모는 과거 자신의 부모와 부모–자녀관계에서 이루어졌던 문제해결 방법이 무엇이었는지를 돌이켜 보는 것이 매우 중요하다. 여러 가지 방법 중에서 가장 좋은 해결 방안이라고 생각되는 몇 가지의 방안을 대안이라 한다. 그러나 대안에는 현실적으로 실현 가능한 것도 있고 불가능한 것도 있으며, 또 효율적인 것도 있고 비효율적인 것도 있다.

이 코칭프로그램에서는 지금까지의 양육방식과는 다른 새로운 대안을 찾는 방법을 배운다. 또한 과거 양육 행동의 장단점을 살펴보고, 보다 효과적으로 문제에 대처할 수 있는 방법에 초점을 맞추어 대안을 수립하되, 재혼가족의 부모와 자녀의 기대와 욕구도 파악하여 대안을 세우도록 한다. 대안을 세부적으로 구체화하고 모델링화하는 계획을 수립하고 목표 일과 기간을 정확하게 한다. 또한 문제점보다는 성과나 기대에 초점을 맞춘다.

- 자녀와의 갈등 상황에서 당신이 할 수 있는 일은 무엇인가요?

- 이 문제를 해결하기 위해 당신에게 있는 자원은 무엇인가요?

5단계: D

5단계 D(Dropping Obstacle)는 실행계획 수립 단계다. 이 단계는 현재 수립한 계획에서 필요한 자원을 찾고 어려운 점이나 장애물이 없는지를 코칭받는 사람이 스스로 찾는 데 목표를 둔다. 코치는 어려움이나 장애물을 극복하기 위해 어떻게 행동을 해야 하는지 인식하도록 돕고, 코칭받는 사람이 장애 요소의 제거 방법을 구체적으로 생각하게 한다. 또한 프로그램을 통해서나 새로운 대안들을 통해서 알게 된 양육방식, 관계방식과 소통방식을 과제를 통해서 실천해 보도록 한다. 이러한 실천을 위해서는 '이렇게 하기 위해서는 어떤 도움이 필요할까?' '생각하는 것을 하기 위해서는 어떤 것을 해야 할까?' '하고자 하는 일을 할 때 어떤 어려움이 있을까?' 등 스스로에게 의문을 제기해 보게 하고, 실천과정에서 겪을 수 있는 어려움에 대해 효과적으로 대처할 수 있는 방법까지 함께 모색한다. 나아가, 과제 수행을 통한 실천 경험을 함께 나눠 봄으로써 배운 것을 실천하고 습관화하는 과정을 경험한다.

- 이 목표를 이루기 위해서 프로그램 중에 어떤 노력을 해 보겠습니까?
- 목표가 이루어졌다는 것을 어떻게 알 수 있을까요?

지금까지 살펴보았듯이, S-MIND 코칭모델을 통해 부모가 느끼는 어려움과 힘듦을 함께 나누고 경험을 통해 서로에게 신뢰감과 안정감을 가지고(S), 자녀와의 관계에서의 새로운 목표를 수립하여(M), 현재 부모 자신과 자녀의 기대와 욕구, 바람을 이해하고 부모 자신에 대한 깊이 있는 성찰을 통해(I), 자녀와의 관계에 보다 성숙하고 부모답게 대처할 수 있는 새로운 대안을 탐색하여(N), 스스로 실행해 보고 과제 수행을 통해 새로운 경험을 해 봄으로써(D) 자녀와의 관계를 보다 건강하고 원활하게 형성해 갈 수 있다.

온맘 재혼가족 부모교육 코칭프로그램

현대사회는 과거와는 달리 다양한 가족의 형태가 존재하며, 이 중 재혼가족은 매년 증가하고 있다. 그러나 재혼가족이 다양한 어려움에 부딪히면, 그들은 또 다시 가족이 해체되는 아픔을 겪기도 한다. 이를 예방하기 위해 재혼가족 구성원이 자신들의 어려움을 이해하고 행복한 가족을 이룰 수 있도록 해 주는 '온맘(OnMam) 재혼가족 부모교육 코칭프로그램'을 소개하고자 한다.

온맘(OnMam)이란 '온 마음을 담아서 소통하는 부모' '부모 안에서 성장하는 자녀'라는 의미를 담고 있다. 부모와 함께하는 삶은 자녀에게 많은 의미를 준다. 자녀와 다양한 의미를 나누고, 자녀가 올바르게 성장하도록 돕는 것은 부모에게 보람이며 기쁨이다. 부모가 자녀에게 어떻게 하느냐에 따라 자녀의 인생이 달라진다. 자녀가 어릴 때 부모는 자녀와 함께 상호작용하고, 성장 후에는 독립적인 삶을 살아갈 수 있도록 끊임없이 격려하고 지지하고 용기를 주어야 한다. 재혼가족 부모-자녀 간의 바람직한 관계는 자녀의 사회적 관계에도 아주 중요한 영향을 미친다. 여기서 이렇게 중요한 부모로서의 자질과 역할은 '누구를 통해서 어떻게 습득하였을까?' 하는 의문을 가질 수 있다.

두말할 필요도 없이, 부모로서의 자질과 역할은 자신의 부모가 한 말과 행동, 즉 나의 부모가 내게 준 언어적·비언어적 메시지를 은연중에 배우고 습득하여 내가 부모 역할을 해야 될 때 자연스럽게 나타난다. 부모로서의 가치관을 확립하지 않은 상황에서 부모가 되면 자신의 부모에게 영향을 받은 가치관이 자녀에게 세대 전수될 수밖에 없다. 나의 부모의 양육방식이 나에게 적절했고, 나의 부모가 성숙한 부모로서의 역할을 했다고 해서 그 양육방식이 반드시 부모 역할에 적합하거나 내 자녀가 기대하는 부모의 모습이 아닐 수 있다. 뿐만 아니라 내 부모의 자질과 역할이 나에게 부적절하였다고 해서 그 양육방식과 반대로 부모역할을 수행하는 것이 성숙한 부모역할 수행이라고도 말할 수 없다.

따라서 이 코칭프로그램의 목적은 재혼가족의 부모가 자신과 재혼가족에 대한 이해와 성찰을 바탕으로 자녀양육에 대한 목표를 명료화하고, 부모의 기대와 자녀의 욕구 사이에서 적절한 합의점을 찾는 효과적인 양육방식과 소통방식을 습득·실행하는 과정을 코칭받으며, 이러한 경험을 통해 부모가 자녀를 코칭하도록 돕는 것이다.

이 코칭프로그램은 S-MIND 코칭모델을 바탕으로, 첫째, 재혼가족의 특징과 어려움, 부모역할 및 가족의 발달단계에 대해 이해하고 자신이 되고자 하는 부모역할의 목표를 설정한다. 둘째, 자신의 재혼 결정 과정을 살펴보고 결정 원인이 부모–자녀관계에 미치는 영향과 재혼 과정에서 자녀가 느꼈을 감정과 상처에 대해 이해하고 자녀가 재혼가족에 잘 적응할 수 있는 방법에 대해 알아본다. 셋째, 재혼가족의 유형별 특징이나, 부모 자신의 양육태도, 자녀의 발달단계에 대한 이해를 통해 재혼가족의 부모역할에 대해 알아본다. 넷째, 감정놀이를 통해 자신의 가족에 대한 감정(긍정/부정)을 탐색하고 부모–자녀 간에 마음을 온전히 전달할 수 있는 심통심통 대화법으로 마음의 고통을 덜어 준다. 다섯째, 가족 안에서의 다양한 문제를 해결하는 경험과 갈등에 대처하는 방법을 통해 서로를 인정하고 받아들이는 경험을 갖는다. 여섯째, 스트레스를 극복할 수 있는 대처 자원과 행복한 재혼가족을 만들기 위한 다양한 가족활동과 품성에 대해 알아보고 코치로서의 자신의 역할에 대해 점검해 본다.

이 코칭프로그램을 통해 부모는 재혼가족에서의 부모역할에 대해 이해하게 될 것이며, 건강한 어른으로서의 역할을 잘 수행하기 위하여 스스로의 통찰을 통한 변화를 바탕으로 자녀와의 소통에 적절하게 대처할 수 있는 기술과 양육방식을 익히고 실천하게 될 것이다. 더 나은 부모가 되기 위해 그동안 수많은 양육관련 서적과 다양한 부모교육을 통해 배운 내용들을 자녀양육에 활용해 본 많은 부모에게 반복적으로 나타나는 아쉬움이 있다. 이는 단순한 양육기술의 습득은 일시적인 변화를 줄 수 있지만, 부모와 자녀의 삶 속에 융화되지 못한다면 이를 지속하기 어렵다는 점이다. 또한 재혼가족의 특징에 대한 이해와 부모 자신의 욕구와 기대, 현재의 양육태도에 대한 점검 없이 발생하는 문제를 표면적으로만 해결하는 방법을 부모에게 교육하고 이를 부모가 자녀에게 적용해 보는 일방향적인 교육은 부족할 수밖에 없다.

따라서 이 코칭프로그램은 6주간의 프로그램 진행 중 3주는 부모 자신에 대한 이해와 변화 노력을, 나머지 3주는 자녀와의 상호작용에 대처하는 방식을 제시한다. 이러한 과정을 통해 일방적인 지식의 전달이 아니라 코치와 코칭받는 사람의 상호작용에 의한 변화를 바탕으로 자녀양육 과정에서 부모가 코치의 역할을 건강하게 수행하도록 하여 성숙한 부모역할을 하게 한다.

재혼가족의 구성원들은 이전의 가족과의 관계에서 상실, 고통 및 모호성을 경험하였기 때문에 재혼 과정에서 나타나는 복합적인 문제를 회피하는 경향이 있다. 그러나 재혼가족이 건강한 가족으로 통합되어 성장하기 위해서는 과거 가족관계의 상실을 애도하고, 새로운 가족의 전통을 구축해야 하며, 가족 구성원 간에 발생하는 갈등에 잘 대처하는 방법을 배워야 한다. 재혼가족의 갈등에 잘 대처하고 적응하기 위해서는 재혼가족의 발달단계를 이해하고 그 안에서 일어나는 변화들을 잘 살펴볼 필요가 있다.

재혼가족의 발달단계

재혼가족은 커다란 상실을 겪고 다시 탄생한 가족이다. 자녀는 새로운 가족이 다시 형성될 때 많은 변화를 경험함과 동시에 혼란 상태에 빠질 수 있다. 가장 큰 변화는 다른 한쪽 부모와의 이별과 주거지 이동으로 인한 또래와의 이별이다. 그리고 자녀는 새부모와 관계 맺음에 대한 두려움, 앞으로 일어날 상황에 대한 두려움으로 인해 어긋난 일탈행동을 하게 될 수도 있다.

재혼가족의 적응은 단기간에 이루어지는 것이 아니다. 따라서 재혼가족의 구성원들은 서로 적응하는 데 시간이 걸린다는 것을 우선적으로 이해하고 받아들여야 한다. 사람은 어떤 종류의 새로운 시작이든 간에 서로의 차이를 인정하고 받아들이며 하나가 되어 가는 과정이 필요하다. 변화의 과정에서 느끼는 스트레스, 감정 및 노력의 정도는 사람마다 각기 다르다. 재혼을 받아들이고 하나의 가족이 되어 가는 부모와 자녀 역시 마찬가지다. 그래서 모든 변화에는 적응의 과정이 필요하다.

부정 단계

> • 서로를 인정할 수 있는 시간을 가져라.
> • 부정적 감정을 인식하라.

　　부정 단계의 재혼가족은 자신의 이전 가족문화를 구성하고 있는 믿음, 신념, 행동, 가치만이 진실 혹은 실제라고 인식하는 반면, 배우자의 가족문화에 대해서는 인식하지 못하거나 애매한 형태로 자리 잡고 있어 전혀 분화되어 있지 못한 상태에 있다. 부정 단계에 있는 재혼가족 구성원들은 일반적으로 가족 내에서 고립(isolation)과 격리(separation)를 경험하고 배우자와 새자녀와의 문화적 차이를 회피하거나 부정한다.

　　여기서 고립은 재혼가족이 자신이 보고자 하는 것만 인식하고 상대 배우자의 불편한 문화적 차이를 보지 않으려는 선택적 지각을 의미한다. 격리는 자신과 문화적으로 차이가 있는 가족 구성원인 새부모, 새자녀나 새형제와는 거리를 두고 장벽을 쌓으며 주로 친근하고 문화적으로 유사한 사람들, 즉 이전 가족과만 어울리려고 하는 것을 의미한다.

　　이 단계에 있는 재혼가족은 배우자의 이전 가족의 문화적 차이를 부정하고,

전 배우자의 존재와 그들과의 관계에 대해서도 부인한다. 따라서 재혼가족의 새로운 관계 형성 과정에서 느끼는 분노, 고통, 질투, 죄의식, 수치심, 혼란과 원망의 감정을 회피하고, 자신의 재혼에 대해 부정하거나 이해받지 못하는 상황에 놓이지 않으려고 주변(친인척, 이전 가족, 친정, 시댁 등)과의 관계를 단절하게 된다. 그러나 재혼가족의 자녀가 부모의 재혼으로 인해 변화된 상황에 적응하는 과정에서 친부모와의 부정적 관계와 단절은 오히려 새부모와의 관계 형성에 어려움을 초래한다.

부정 단계를 극복하기 위해서 부부는 배우자의 이전 결혼에서 형성된 문화적 차이를 긍정적으로 지각할 필요가 있다.

방어 단계

- 서로에게 익숙한 문화가 있음을 인정하라.
- 서로 가족의 문화를 수용하고 우리의 문화를 형성하라.
- 서로에게 솔직하게 표현하라.

방어 단계의 재혼가족은 서로의 문화적 차이를 인지하지만 그 차이가 자신들을 위협한다고 여긴다. 또한 세상을 '우리와 그들'로 조직화하고 자신들의 가족문화를 우월하게 여기며 그들의 가족문화는 열등하다고 여기거나, 배우자의 가족문화는 우월하고 나의 가족문화는 열등하다는 식으로 일방적으로 받아들이게 된다.

방어 단계에 있는 재혼가족은 일반적으로 멸시(denigration), 우월(superiority), 역전(reversal)의 방법을 사용한다. 먼저, 멸시(denigration)는 다른 문화를 부정적으로 판단하고 부정적인 고정관념에 적용한다(Van Hook, 2004). 다음으로, 우월은 다른 문화에 대한 부정적 평가와 관계없이 자신의 문화를 긍정적으로 그리고 우수하다고 여기는 것이다. 마지막으로, 역전은 새로 접하여 적용한 배우자의 문화를 우월한 문화라 여기는 반면, 자신의 이전 가족의 문화를 부정적으로 평가하는 것이다.

이 단계의 재혼가족은 새로운 가족문화를 형성하는 과정에서 자신에게 익숙한 이전의 가족문화를 좀 더 우월한 것으로 인식하고 상대 배우자의 자녀양육 방식, 생활양식 등에 대해 멸시하는 태도를 가지거나, 자신에게 익숙했던 이전의 가족문화를 부정하는 태도로 과도하게 배우자의 가족문화만을 강요함으로써 부부관계 및 부모-자녀관계에서 갈등을 유발하게 된다.

방어 단계를 극복하기 위해서 서로 다른 가족문화에 속해 있던 재혼가족 구성원은 상대 배우자의 이전 가족문화가 자신의 이전 가족문화와 서로 공통점도 있고, 각각 장단점을 가지고 있음을 인식할 필요가 있다.

최소화 단계

> • 상호 존중하라.
> • 자기를 표현할 기회를 가져라.
> • 차이의 미덕을 인정하라.
> • 차이를 통해 배움의 기회를 가져라.

최소화 단계의 재혼가족은 서로의 이전 가족문화들 사이에 존재하는 차이에 대한 깊은 이해 없이 단순히 표면적으로 인지하며, 이 세상에는 모든 사람이 따르는 보편적인 원칙, 신념, 제도가 존재한다고 믿는다. 이러한 인식은 자신에 속한 새로운 재혼 가족문화의 특별성에 대한 지각을 방해해서 자신들의 재혼가족의 문화를 명확하게 평가하지 못하게 한다.

우리나라의 재혼가족은 결혼의 주류 문화, 즉 초혼가족이 가지고 있는 결혼 생활을 일반적이고 보편적으로 받아들인다. 그래서 자신의 재혼가족 역시 초

혼에서와 같은 가족관계를 형성할 것으로 예측하여, 재혼가족의 생활 역시 일
반적인 결혼생활의 발달단계를 거쳐 적응할 것이라는 비현실적 생각을 갖고
보편적인 원칙과, 신념, 제도에 자신들의 재혼생활을 적용하려 한다. 그러나
재혼가족은 이전의 가족과의 관계에서 형성된 가치와 문화의 차이를 이해하
고 재혼가족에게는 그들만의 새로운 가족문화의 형성이 필요함을 인식해야 한
다. 즉, 재혼가족의 부모와 자녀는 새로운 가족의 가치, 신념, 원칙 등의 가족
문화를 형성하기 위해서 서로의 이전 경험에 의해 형성된 독특한 문화의 차이
를 인정하고 이를 새로운 가족문화 형성 과정에서 수용하고 반영할 수 있어야
한다.

　그러므로 최소화 단계에 머물러 있는 재혼가족의 부모를 훈련시키기 위해서
는 부모의 재혼으로 인해 자녀가 처해 있는 생활 적응의 맥락과 상황 속에서 문
화적 차이를 발견하고 '멜팅 포트(melting pot)'보다는 '샐러드 볼(salad bowl)'의
관점을 가질 수 있도록 도와주어야 한다. 여기서 멜팅 포트란 자신의 이전 결
혼생활에서의 고유한 가족문화나 습관을 버리고 새로운 가족문화나 생활에 스
며들어 이전 가족에서의 고유한 정체성을 잃어버리게 됨을 의미한다. 반면, 샐
러드 볼은 서로 다른 가족이 함께 어울려 살지만, 각 가족의 고유문화를 그대로
인정해 주며 다른 문화로 완전히 변형되지 않고 제각각 자신의 방식이나 취향
을 그대로 고수하고 지키며 살아가는 것을 말한다.

　최소화 단계에 있는 재혼가족에게는 배우자가 이전에 속해 있던 가족문화에
대한 자각과 인식을 증진시킬 수 있는 훈련이 우선되어야 한다. 즉, 함께 살게
된 두 가족이 서로 다르다는 것은 알지만 "너희는 우리와 살고 있으니 우리처럼
살아야 해."가 아니라 "우리가 함께 살고 있지만 너는 너의 방식이 있고 우리도
우리의 방식이 있어. 각자의 방식대로 살아가지만 우리는 하나의 가족이다."라
는 다름과 하나임을 동시에 인정하는 태도가 필요하다.

수용 단계

> • 서로의 문화 정체성을 받아들이고, 우리만의 문화를 만들어라.
>
> • 가족회의를 실시하라.
>
> • 우리 가족만의 즐거운 시간과 추억을 만들어라.

수용 단계의 재혼가족은 표면적인 가족문화의 차이는 물론 심층적인 차이까지도 지각하게 된다. 그리고 그러한 차이에 대하여 자기반영적인 관점(self-reflexive perspective)을 구성함으로써 배우자의 가족을 가족 구성원으로 인정하고 다른 문화에 속한 사람들을 경험할 수 있게 된다. 이 단계에 있는 가족은 행동 상대주의(behavior relativism)에 근거하여 문화적 맥락에 따라, 그리고 서로 살아온 환경적 특성에 따라 적절한 행동이 달라질 수 있음을 인정한다. 더불어 가치 상대주의(value relativism)에 근거하여 서로의 다른 다양한 관점을 받아들이는 것뿐 아니라 이전에 살아온 가족환경에 따라 가치와 신념이 다르다는 점에 동의한다. 그러나 재혼가족은 서로의 가족문화의 차이에 대한 이해와 인정에도 불구하고 복잡한 가족관계로 인해 문제 상황에 대해 구체적이고 명확한 해결방법을 찾는 데 혼란을 경험하게 된다.

수용 단계의 재혼가족이 이러한 어려움을 해결하고 다음 단계로 발달하기 위해서는 가족관계에 대한 일반적 · 보편적인 이해뿐만 아니라 재혼가족의 이전 경험, 즉 이혼, 사별, 배우자의 외도, 폭력 등이 현재의 생활태도, 행동습관과 심리적 · 정서적인 면에 깊은 영향을 미치고 있음을 인정하고 수용하여, 서로 다른 두 가족이 조화롭게 양립할 수 있도록 훈련해야 한다.

적응 단계

> • 진정으로 상대를 인정하고 배려하라.
> • 상대의 입장에서 생각하라.
> • 적응의 시간을 기다려라.

적응 단계는 배우자의 이전 가족문화를 수용하고 재혼 후의 새로운 가족문화 형성을 위해 적절한 행동을 취하고 관점이 변화하는 상태를 의미한다. 이러한 변화는 인지적인 것만이 아니라 정서와 행동의 변화까지도 포함하며, 이는 자신의 가족문화와 배우자 가족문화 사이에서 자유롭게 이동할 수 있는 코드 전환(code-shifting) 능력과 상호 적응(mutual adstment)의 능력으로 확장된다.

이 단계에서는 다원주의와 감정 이입이 나타난다. 다원주의는 의식적인 노력 없이도 완전하고 영구적으로 배우자의 이전 가족문화를 내면화하는 것이며, 감정 이입은 즉각적으로 자신의 이전 가족의 문화를 재혼가족의 새로운 문화적 패턴으로 변화시키는 능력을 의미한다.

적응 단계에서는 서로 다른 문화의 맥락에서 다문화적 감수성을 갖춘 재혼가족이 새로운 가족문화에 속하는 부모, 자녀가 상호 적응할 수 있도록 하고, 가족 구성원 간의 진정한 동등함과 공정함을 실현하려는 노력이 필요하다.

통합 단계

> • 서로에 대한 애정을 쌓고 지지하라.
> • 사랑을 실천하기 위해 노력하라.
> • 우리만의 문화를 형성하라.

재혼가족은 새로운 가족문화의 정체감을 형성할 때 자신과 배우자의 이전 가족의 문화적 주변성을 고려할 수 있어, 자신의 이전 가족문화만을 주장하지 않는다. 그러므로 이 단계에 속하는 가족은 서로 다른 가족의 문화 속에서 자유롭게 이동할 수 있고, 서로 다른 문화를 가진 재혼가족이 새로운 경험을 통해 자신들만의 문화와 역사를 바탕으로 새로운 문화 정체감을 확립할 수 있다.

통합 단계에서는 재혼가족이 자신들만의 고유한 문화 정체성을 확립할 수 있는 가족 놀이, 여행 등 가족 구성원이 함께 만든 가족의 역사가 필요하다.

재혼은 행복하기 위해 내가 선택한 것이다. 재혼을 하든 하지 않든 각 선택에 따른 문제점을 늘 존재한다. 재혼으로 생길 문제를 인식하고 새로운 가족들과 대응책을 모색한다면 초혼보다 더 멋진 생활을 할 수 있다. 가족 구성원의 노력으로 이루어진 재혼가족이 더 행복할 수 있다는 자신감을 갖고, 문제를 피하려 하지 말고 적극적으로 대응책을 찾아보자.

활동 가이드

1. 〈활동지 1-4〉는 지금 우리 가족의 현실을 점검해 보는 활동입니다. 부정, 방어, 최소화, 수용, 적응, 통합의 6단계 중 우리 가족은 어느 발달 단계에 머무르고 있는지 진단해 보고 그 단계라고 생각하는 구체적인 이유를 적어 본 뒤 서로 생각을 나누어 봅니다.

2. 〈활동지 1-5〉는 새로운 사람을 만나서 재혼을 하게 되기까지 나의 마음은 어땠는지, 부모로서 어떤 역할을 했는지를 돌아보는 활동입니다.

3. 〈활동지 1-5〉는 다음 장에서 확인하는 과제입니다.

우리 가족의 발달단계는?

🏠 우리 가족은 지금 어느 단계에 속하는지 생각해 보고 그 이유를 적어 보세요.

단계	내용	선택
부정	• 자신이 보고자 하는 것만 인식하고 불편한 문화적 차이를 보지 않으려고 함 • 문화가 서로 다른 사람들과는 거리를 유지하고 장벽을 쌓으며, 주로 친근하고 문화적으로 유사한 사람들과만 어울림	
방어	• 다른 가족의 문화에 대한 부정적 평가와 관계없이 자신의 문화를 긍정적이며 우수하다고 여김 • 새로 접하여 적응한 가족의 문화를 우월한 문화라 여기는 반면, 자신의 이전 가족의 문화 혹은 상대 배우자의 가족문화를 부정적으로 평가함	
최소화	• 여러 문화 사이에 존재하는 차이에 대한 깊은 이해 없이 단순히 문화를 표면적으로 인지함 • 이 세상에는 모든 사람이 따르는 보편적인 원칙, 신념, 제도가 존재한다고 믿음	
수용	• 표면적 문화 차이는 물론 심층적인 문화 차이에 관해서도 지각함 • 문화적 맥락에 따라 그리고 문화마다 적절한 행동이 달라질 수 있음을 인정함	
적응	• 다른 가족의 문화를 경험하고 그 경험에서 현재의 가족문화에 적절한 행동과 관점으로 변화할 수 있는 상태임 • 인지적인 것만이 아니라 정서와 행동의 변화까지도 포함하며, 자신의 가족 문화와 배우자의 가족문화 사이에서 자유롭게 이동 가능함	
통합	• 가족문화의 정체감을 둘 혹은 그 이상의 문화적 주변성과 관련지어 생각하여 자기만의 가족문화를 주장하지 않음 • 서로 다른 가족의 문화에서 자유롭게 이동할 수 있는 능력을 가지고 새로운 가족문화의 정체감을 확립함	
이유		

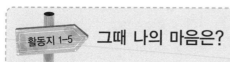

활동지 1-5 그때 나의 마음은?

〈과제〉

🏠 재혼하는 과정에서의 나의 마음과 역할에 대해 적어 보세요.

그때	그때의 나의 마음과 부모로서의 역할
새로운 사람을 만났을 때	
재혼하기로 마음먹었을 때	
재혼할 배우자의 자녀들을 만났을 때	
배우자의 자녀가 나를 반대했을 때	
내 자녀가 새배우자를 반대했을 때	

활동지 1-6

Small Big! 작지만 큰 변화

구분	내용
S 라포형성	• 친해지기 활동을 통해 느낀점은?
M 목표설정	• 이 프로그램에 참여하면서 이루고 싶은 목표는?
I 현실점검	• 지금까지의 나의 모습은?
N 대안탐색	• 오늘 활동을 통해 새롭게 알게 된 것은?
D 실행계획	• 오늘 활동을 통해 새롭게 실천할 부모로서의 나의 모습은?

평가	이번 장에 대한 평가	낮음 ←――→ 높음
	✔ 프로그램의 목적을 이해하고 참여 목표를 수립하였는가?	① ② ③ ④ ⑤
	✔ 코칭의 개념과 S-MIND 코칭모델을 이해하였는가?	① ② ③ ④ ⑤
	✔ 부모코칭의 필요성과 목적을 이해하였는가?	① ② ③ ④ ⑤

2장

나의 재혼 스토리

나침반 바늘은 정확한 방향을 가리키기 전에 항상 흔들린다. 인생도 마찬가지다. 그러므로 지금 흔들리고 있는 것을 걱정할 필요가 없다. 언젠가는 바른 방향을 가리키게 될 것이기 때문이다.

– 김은주, 「달팽이 안에 달」

내가 지금까지 살아오면서 일관되게 중요하게 생각하는 것은 무엇인가? 내가 중요한 결정을 할 때 가장 크게 고려하는 것은 무엇인가? 이와 같은 물음의 답은 개인의 가치관에 따라 달라질 것이다.

가치관이란 기본적으로 사람이 삶에서 중요하다고 믿고 표방하는 것으로서 우리의 행동양식과 사고, 일상생활의 모든 결정과 선택에 있어서 알게 모르게 중요한 작용을 한다. 즉, 개인이 어떤 활동, 성취, 사물, 장소 등을 바람직한 것으로 판단하게 하는 기준이며, 계획하고 행동하도록 동기화시키는 것이다. 인간의 가치관은 인간의 삶에서 방향을 제시하고 지시해 준다. 따라서 내가 인생을 살아오면서 중요하게 생각했던 것들을 떠올려 보고, 그것이 내 인생에 어떤 영향을 미쳤는지 살펴볼 필요가 있다.

활동 가이드

〈활동지 2-1〉은 내가 인생에서 무엇을 중요하게 생각하는지 살펴보는 활동입니다.

1. 빈 종이 9장에 각자 중요하게 생각하는 가치를 적어 봅니다.

2. 처음에는 한 장을 버리고, 두 번째부터는 두 장 혹은 세 장씩 버립니다(예: 바닥에 상자를 놓고 구겨서 버리도록 합니다. 이때 어떤 것을 버리라는 구체적인 설명은 하지 않아도 됩니다).

3. 마지막 세 장이 남았을 때 한 장을 버리고, 남아 있는 둘 중 마지막 하나를 선택합니다.

4. 마지막에 선택한 그것이 무엇인지, 왜 마지막까지 버리지 못했는지, 나에게 어떤 의미인지에 대해 이야기를 나눕니다.

활동지 2-1 　**가치관 찾기**

🏠 내가 중요하다고 생각하는 것을 적어 보세요.

　　우리의 선택에 영향을 미치는 것 중 또 다른 것이 동기다. 나의 가치관과 동기는 배우자를 선택할 때, 이별을 할 때 그리고 새로운 출발을 할 때에도 중요한 영향을 미친다.

　　결혼을 하는데도 다양한 동기가 있다. 사랑해서, 내가 꿈꿔 온 결혼생활을 할 수 있을 것 같아서, 나의 부족한 점을 채워 줄 수 있어서 등등 각자 나름대로의 결혼의 이유가 있다. 마찬가지로 재혼을 결정하는 과정에도 어떤 특별한 동기가 존재할 것이다. 부모 스스로 재혼의 동기를 정확하게 인식해야 하는 이유는 이후 재혼생활에서 부모−자녀관계에 영향을 미치기 때문이다. 이 장에서는 재혼의 동기부터 재혼가족의 기대와 욕구까지 알아보며 재혼가족의 특성을 살펴보겠다.

재혼의 동기

- 새배우자를 사랑하기 때문에
- 자녀에게 좋은 부모를 만들어 주고 싶어서
- 성생활 욕구를 해결하기 위해서
- 경제적인 어려움에서 벗어나고 싶어서
- 사회적 압력(혼자 사는 것에 대한 사회의 부정적인 시선, 부모의 걱정을 덜어 주기 위해 등) 때문에
- 전 배우자와의 힘들었던 점을 보상받고 싶어서
- 나와 잘 맞는 배우자를 만나 행복한 결혼생활을 하고 싶어서
- 외롭고 불안해서
- 초혼 때 충족되지 못한 것을 받고 싶어서
- 원가족에서 충족되지 못한 것을 받고 싶어서
- 한부모 때 느꼈던 어려움에서 벗어나고 싶어서

재혼부모는 주로 자녀를 잘 키우기 위해서, 좋은 부모를 만들어 주기 위해서 등 다양한 이유들을 이야기하지만, 재혼을 하게 된 동기를 살펴보면 부모 자신의 욕구에 의한 경우도 있다. 부모 자신의 욕구를 정확하게 인식하지 않으면 재혼이 자녀를 위해서라고 착각하게 된다. 이는 행복하기 위해 결정한 재혼이 또다시 불행하게 되는 이유이기도 하다.

> "어떻게 생각하면 아이에게 아빠를 원하느냐는 질문을 안 했어요. 그냥 내가 필요하듯, 아이도 아빠가 필요할 거라고 생각했어요."
>
> "저는 아이에게 새아빠를 소개시켜 주는 입장이어서 당당했고, 아이의 기분에 대해서는 관심이 없었어요."
>
> "'집도 얻어 주고, 너희에게 잘해 주고, 이런 아저씨가 어디 있냐. 너희 아빠도 이렇게 안 해 줬다. 너희만 아저씨에게 잘하면 아무 문제없다.' 아이들에게 이렇게 강압적으로 말했어요."
>
> "재혼을 한 이유가 사실은 내가 불안하고, 내가 원해서 한 건데. 마치 아이가 원해서 나는 억지로 한 것처럼 막 유도를 했어요. '너희 아빠 필요하니? 아빠가 있으면 좋겠지?' 이렇게 하니 아이는 엄마가 좋으면 하라고 그랬어요."
>
> "그 사람하고는 결혼하기로 약속해 놓고, 아이들에게는 그냥 '아빠 친구네 가족이야.' 이렇게만 얘기하고 놀이공원에 가서 양쪽 집 아이들을 다 만나게 했었어요. 일단 한 번 보여 주고, 그다음에는 결혼할 거라고 했죠. 거의 통보였어요."

재혼은 당사자인 부모에게는 새로운 시작일 수 있지만, 자녀는 원하든 원하지 않든 간에 새로운 환경에 적응해야 하므로 재혼하는 부모와는 또 다른 혼란을 경험하게 된다.

자녀는 부모의 재혼에 대해 여러 가지 생각을 하게 된다. 재혼이 부모의 행복이라고 생각하는 경우에는 이전 부모와의 재결합 가능성을 없애 버린 새부모에 대한 원망, 친부모가 자기를 버릴지도 모른다는 유기불안, 부모가 자신을 배려하지 않는다는 분노를 느끼게 된다. 반면, 자녀 때문에 부모가 재혼을 한다고 생각하는 경우에는 자기비난, 위축, 눈치 봄 등의 부적응적인 행동을 보일 수 있다. 이러한 지각의 차이는 자녀의 연령에 따라 다를 수 있지만, 부모가 자녀에게 재혼의 이유에 대해 적절한 설명을 하게 되면 변화할 수 있다. 재혼 과정에서 자녀들을 동참시키면서 정서적으로 밀접한 관계를 맺게 되면 성공적인 재혼생활을 할 수 있을 것이다.

그렇다면 나는 어떤 동기로 재혼을 결정하게 되었는지, 결정에 영향을 미친 중요한 요인은 무엇인지 그리고 재혼으로 인해 걱정되는 것은 무엇이 있는지 살펴보자.

활 동 가 이 드

〈활동지 2-2〉는 재혼을 결정하게 된 이유를 생각해 보는 활동입니다. 재혼을 결정하게 된 가장 중요한 요인을 찾아보고, 재혼에 대해 걱정했던 것은 무엇인지 나누어 봄으로써 자신의 재혼 과정에서의 걱정과 현재 가족 안에서의 걱정이 서로 관련 있음을 인식하고 이해할 수 있습니다.

활동지 2-2 **재혼을 결정하기까지**

🏠 나에게 재혼의 의미는 무엇인가요?

• 왜 재혼을 하려고 했나요?
• 재혼을 결정한 가장 중요한 요인은 무엇인가요?

🏠 재혼에 대한 걱정은 무엇인가요?

• 가장 걱정/염려했던 일은 무엇인가요?
• 가장 걱정되는/불편한 일은 무엇인가요?

재혼가족 자녀의 특성

재혼가족 발달론에 따르면(김미옥, 2014) 자녀의 성별과 연령은 부모-자녀 간의 적응에 있어 상당히 중요한 변인이다. 자녀의 성별에 따른 적응을 살펴 보면, 대다수의 연구가 재혼가족 자녀 중 여아가 남아보다 인지적 · 심리사회 적 · 행동적응상 문제가 더 있으며, 새부모와 친부모 모두와의 사이에서 문제 를 겪기도 하고, 특히 새어머니와의 관계에서 문제가 많은 것으로 나타났다.

재혼가족에서 자녀의 사회적 · 정서적 · 인지적 발달은 부모-자녀관계가 시 작되는 시점의 자녀의 연령에 따라 다르다. 재혼 시 자녀의 연령이 어릴수록 자 녀는 새부모를 친부모로 여기거나 유대관계를 형성하는 기간이 짧아 가족으로 서의 적응이 수월하다. 따라서 재혼가족관계를 시작하는 당시의 자녀의 성별 과 연령에 초점을 맞추고 각 단계별로 자녀의 성장과 발달과제를 이해하고 있 으면 긍정적이고 원만한 부모-자녀관계를 갖는 데 도움이 될 것이다.

특히 어린 아동기의 자녀와 청소년기 자녀에게 접근하는 방식이 다르다. 또 한 부모의 사망이나 이혼 후 한부모 가정에서 긴밀한 부모-자녀관계를 만들어 왔던 자녀들은 공통적으로 부모의 상실에서 오는 불안과 분노 등의 부정적인 감정을 느낀다.

유아기 자녀의 특성

3~5세의 유아기 자녀는 직관적인 사고가 발달하여 사물이나 사건을 객관적 으로 인지하지 못하고 자신이 지각한 대로 정보를 제공받아 사고한다. 따라서 이 시기에는 부모가 재혼을 한다는 말을 제대로 이해하지 못하기 때문에 유아 의 수준에서 이해할 수 있도록 설명하는 것이 필요하다. 어린 자녀가 제대로 이 해하지 못할 거라는 마음에 재혼의 이유를 제대로 말하지 않고, '너에게 엄마/

아빠가 필요하니까' '엄마/아빠가 너를 혼자 키우기가 힘들어서' 등으로 설명하게 되면 자녀의 성장 과정에서 가족 간의 갈등이나 문제 발생의 가능성이 있다.

Tip

유아기 자녀를 도와주는 방법

부모: 엄마/아빠는 너희와 함께 할 수 있을 만큼 사랑하는 사람이 생겼어. 그래서 우리가 가족이 되려고 해. 엄마/아빠가 그 분을 너에게 소개하려고 해.

자녀: 누구야? 엄마/아빠, 그럼 결혼하는 거야?

부모: 우리 ○○이는 엄마/아빠가 생기는 것에 대해서 어떻게 생각해?

자녀: 난 괜찮아. 다른 친구들도 엄마/아빠가 있잖아.

부모: 네가 그렇게 말해 줘서 고마워. 우리가 이제 가족이 되어서 함께 살다보면 서로 힘들거나 싫은 일이 생길 수도 있어. 우리 ○○이가 혹시 그런 마음이 생기면 엄마/아빠한테 얘기해 줄래?

자녀: 응. 알았어.

이와 같이 말해 주면 유아기의 자녀는 상황을 이해하기 쉬울 것이다. 취학 전의 아동은 자신의 주관적 생각이나 감정보다는 부모의 정신적 상태나 주위 성인의 감정과 행동에 많은 영향을 받기 쉬우므로 자녀의 입장을 충분히 배려하는 것이 필요하다.

아동기 자녀의 특성

7~12세의 아동은 정서에 대한 이해력이 증가하고, 자신의 내적인 마음 상태에 초점을 두어 정서를 이해한다. 또한 자신의 감정을 인식하고 통제하며, 다른 사람의 감정을 이해하고 적절하게 대처하는 능력이 발달한다. 따라서 아동에게 부모의 재혼에 대한 자신의 감정을 알고 표현할 기회를 줘야 하고, 부모 역시 자신의 상황과 감정을 표현해야 한다. 재혼에 대해 부모와 자녀의 생각이 각기 다르다 하더라도 자녀의 의견을 충분히 듣고 자녀가 부모의 재혼을 수용할 수 있도록 함께 의논하고 관계를 형성해 나갈 필요가 있다. 이혼가정의 경우 아

동기 자녀는 원가족이 다시 합쳐지는 희망을 가지고 있기 때문에 부모의 재혼을 거부하거나 새부모에 대해 적대감을 가질 수 있다. 사별의 경우에도 친부모에 대한 상실감을 극복하지 못하면, 새부모의 수용을 친부모에 대한 배신으로 인식하게 되어 충성심 갈등을 하게 된다.

　이 시기의 아동이 하는 행동은 새로운 부모에게 반항하며, 평상시에는 친구들과 잘 지내던 아동이 친구들을 괴롭히거나 싸움을 하고, 부모나 교사의 말을 듣지 않기도 한다. 또는 이와 정반대로 극단적으로 순종적인 착한 아이의 모습을 보이기도 한다. 이런 행동들은 이 시기의 아동에게 당연한 반응이므로 자녀가 새 가족에 적응하고 안정감을 느낄 때까지 부모가 기다려 줄 필요가 있다.

아동기 자녀를 도와주는 방법　　Tip

부모: ○○아. 엄마/아빠가 너에게 할 이야기가 있는데 지금 시간 괜찮아?

자녀: 왜? 무슨 이야기인데? 중요한 얘기야?

부모: 아주 아주 중요한 이야기야. 그리고 놀랄 수도 있어.

자녀: 빨리 말해 봐.

부모: 엄마/아빠가 이혼/사별하고 나서 사실 많이 힘들었어. 근데 엄마/아빠한테 좋은 사람이 생겼어. 그래서 엄마/아빠는 요즘 많이 행복해. 언제나 엄마/아빠를 행복하게 해 주려고 노력하는 사람이거든. 그래서 엄마/아빠는 한 가지 결심을 했어. 그 분이랑 결혼을 하려고 해.

자녀: 그럼 그 사람이 누군데?

부모: 우리 그때 같이 영화 보고 밥 먹었던 그 분이야.

자녀: …….

부모: 우리 ○○이 마음이 어때?

자녀: 잘 모르겠어.

부모: 이 문제는 네 의사도 중요하지만 엄마/아빠의 인생이 걸려 있는 중요한 문제야. 그러니 충분히 생각한 후 이야기해 줄래? 얼마큼의 시간이 필요해?

자녀: 일주일….

부모: 그럼 일주일 후에 우리 다시 이야기하자. 충분히 잘 생각해 줘.

청소년기 자녀의 특성

만 13~18세의 청소년은 자아정체성의 확립과 심리적 독립성을 추구하는 시기로 개인적으로도 많은 혼란을 경험하게 된다. 이러한 관점에서 볼 때 재혼가정의 청소년은 새로운 가족환경에 적응해야 하는 부담이 가중되어 초혼가족의 청소년에 비해 다루기가 더욱 어려울 수 있다. 뿐만 아니라 비동거부모에 대한 상실감과 충성심 갈등이 있기 때문에 청소년 전기의 과업 수행에 어려움을 겪을 수 있다. 그리고 초혼가족의 청소년과는 달리 버려지는 것에 대한 불안이 있어 부모에 대한 분노 표현을 억제하는 경우가 많으며, 자신이 통제할 수 없는 가족환경 변화에 대하여 분노와 우울감을 느낀다.

여러 연구 결과에 따르면, 사춘기에 특히 강조되는 자율성과 독립성은 재혼가족의 과업인 가족 결속에 갈등을 일으켜 가족 응집에 부정적인 영향을 미치고, 학교생활에서도 어려움을 겪게 한다.

이 시기의 자녀에게 있어서 부모의 재혼은 자신이 성인이 될 때까지 단지 함께 사는 것뿐일 수도 있다.

Tip

청소년기 자녀를 도와주는 방법

- 재혼가족의 청소년은 친부모의 재혼 준비 과정에서 예비 가족을 소개받고 새가족을 수용할 심리적 준비를 하는 것이 적응에 도움이 되므로 재혼하기까지 충분한 시간을 갖고 재혼에 대해 잘 설명해 주며 자녀의 동의를 구하는 과정이 필요하다.
- 재혼 가정에서 뭔가를 결정해야 하는 일이 있다면 자녀에게도 의견을 물어 보고 결정하는 것이 필요하다. 십 대의 아이들에게 자신의 의견이 도움이 된다는 느낌을 갖게 하는 것은 소중한 경험이 될 것이다.
- 자녀의 독립성을 인정하고 적절한 거리를 유지하는 것이 필요하다.
- 부모는 온정적이고 솔직한 의사소통으로 의견 대립이나 갈등을 해소하도록 노력해야 한다.

재혼 과정에서의 자녀에 대한 배려

부모의 재혼이 자녀에게 미치는 영향은 무엇인가? 재혼이라는 것 자체에서 재혼이 자녀에게 어떤 영향을 미칠 것인가의 논의를 놓치는 경우가 많다. 재혼 과정에서 자녀에게 미치는 영향에 대해 의논하거나 함께 생각해 본 적이 있는 가? 한국 사회에서 재혼을 할 때 자녀의 의견을 물어보는 경우는 흔하지 않다. 대부분 재혼 당사자 두 사람의 일방적인 결정으로 이루어지는 경우가 많다. 따라서 재혼 이후 자녀와의 관계에서 발생할 수 있는 문제, 갈등에 대해 미리 준비하거나 대처할 수 있는 기회를 놓칠 수 있다.

재혼가족 안에서의 자신의 위치, 재혼 이후에 일어날 변화(이사, 전학, 새로운 가족 호칭, 가족관계 등), 자녀의 의견, 자녀의 의견에 대한 부모의 반응, 자녀의 감정 및 기대에 대해 살펴보아야 한다. 재혼 준비 과정에서의 자녀에 대한 배려와 존중은 재혼가족의 행복한 미래와 연결될 수 있다.

활동가이드

〈활동지 2-3〉은 가족이 되어 가는 과정에서 어떤 일들이 있었는지 알아보는 활동입니다.

1. 부정적인 일과 긍정적인 일을 생각나는 대로 적어 보고, 그 일이 있고 나서 어떤 결과가 있었는지 이야기를 나누어 봅니다.

2. 이 활동을 통해 가족에게 일어난 부정적인 상황이나 감정이 반드시 부정적인 영향만을 미치는 것이 아니라는 것을 이해하게 됩니다.

3. 특별히 불편함이 없거나 문제가 없었던 일이더라도 그것이 무조건 긍정적이지 않다는 것도 이해하게 됩니다.

활동지 2-3   **얘들아, 너희는 문제없니?**

🏠 새로운 가족이 되는 과정에서 있었던 부정적인 일과 긍정적인 일을 떠올려 보고, 그 일의 결과를 적어 보세요.

부정적인 일	긍정적인 일
결과	결과

재혼가족의 기대와 욕구

재혼가족은 서로에게 어떤 기대와 욕구를 가지고 있을까? 새부모, 새형제자매, 새자녀의 역할은 난생 처음해 보기 때문에 자신이 어떻게 해야 하는지 알수 없음은 당연하다. 따라서 자신이 상대방에 대해 기대하는 것은 무엇인지, 또 상대방은 나에게 어떤 기대를 가지고 있는지에 대해 서로 아는 것은 매우 중요하다. 그렇지 않으면 개인의 기대와 욕구가 채워지지 않은 채 남게 되고, 이는 가족 간에 좌절감과 분노 갈등으로 이어져 심각한 문제를 야기할 수 있다. 새로운 가족은 서로에게 너무 생소하고 낯설고, 이전의 생활방식과 다르게 살아가야 하기 때문에 가족의 기대와 욕구를 파악하고 서로 의논하여 합의점을 찾아야 한다.

아들러(Adler, 2015)는 과거에 경험이 현재의 행동을 결정하는 것이 아니라 미래에 대한 동기가 현재의 행동을 결정한다고 하였다. 행동은 기대와 욕구를 가지고 있으며 그것을 채우기 위한 목적이다. 기대와 욕구가 충족되면 행복하다고 느끼지만, 기대와 욕구가 충족되지 않으면 행복하지 않다고 느끼게 된다. 가족에 대한 각자의 욕구와 기대에 대해 알아야 앞으로 새로운 우리 가족의 규정을 세울 수 있다.

재혼가족의 기대와 욕구 알아내기

〈배우자/나〉
- 나와 배우자는 지금까지 자녀를 어떤 방식으로 훈육해 왔는가?
- 나의 자녀와 배우자의 자녀에게 기대하는 것은 무엇인가?

〈자녀〉
- 내가 원하는 것은 무엇인가?
- 가족이 자신을 어떻게 대해 주기를 원하는가?

　재혼가족은 어떤 기대로 인해 특정한 감정을 경험한다. 예를 들면, 나는 아이들이 나를 엄마라고 불러 주기를 기대하기 때문에 새자녀가 나를 아줌마라고 부르면 섭섭한 감정을 느끼게 되는 것이 있다. 하지만 새자녀의 경우 아직 친부모에 대한 좋은 기억들이 남아 있는데 새부모를 선뜻 엄마/아빠로 부르기는 쉽지 않다.

　우리는 모두 바라는 것이 서로 다르고, 바라는 것을 충족하는 방법도 다르다. 부모는 자신의 기대를 이해하고 인정하며 원하는 것을 표현함으로써 자녀와의 대화에서 자녀를 탓하거나 벌하기보다는 제대로 된 의사표현을 할 수 있으며, 이는 문제의 근본적인 해결책을 찾는 데 도움을 줄 수 있다. 따라서 가족이 어떤 기대와 욕구를 가지고 있는지에 대해서 알아보는 것이 필요하다.

기대와 숨겨진 의도 알아차리기

- 당신의 새자녀가 당신에게 어떻게 대하기를 기대하는가?
- 당신의 새자녀를 어떤 방식으로 양육하고자 하는가?
- 이런 자신의 바람에 대해 표현해 본 적이 있는가?

　표현하지 않은 나의 기대는 배우자와 자녀가 알 수 없다. 표현하지 않는다면 그들은 당신이 기대하는 것과 다른 방식으로 생활하게 되고, 이로 인해 당신은 속이 상하고 상처받게 된다.

　배우자나 자녀에게 말하지 않고 혼자 마음으로 계획한 우리 가족(재혼가족)

에 대해 생각한 계획이 있는가? 우리는 대개 상대가 나의 기대에 맞춰 주기를 기대하지만, 상대방에게 내가 무엇을 기대하는지에 대해 분명하게 표현하지 못하는 경우가 많다. 가족은 서로 기대를 한다하더라도 상대가 기대에 맞춰 줄 거라 생각하지 못해서 자신의 기대를 표현하지 못하게 된다. 이로 인해 많은 갈등이 발생하고, 서로가 행복하게 이끌어가고자 했던 새로운 가족의 삶이 허물어질 수 있다.

재혼가족에서의 부모의 역할 및 자녀의 역할은 아주 어렵고 많은 노력이 필요하다. 그러므로 서로에 기대에 대해 분명하게 이야기하고 가족의 토대를 세우는 것이 필요하다.

부모의 재혼에 대해 어떻게 설명하는가에 따라 자녀가 부모의 재혼에 대한 불안과 긴장을 해소하고 자녀의 정서적·인지적·사회적 적응을 도울 수 있으며, 부모의 재혼을 수용할 수 있다. 부모의 재혼에 대한 자녀의 부정적인 생각과 잘못된 지각은 시간이 지나간다고 해결되는 것이 아니므로 부모의 적극적인 노력이 필요하다.

활 동 가 이 드

1. 〈활동지 2-4〉는 자녀와 있었던 힘든 상황에서 내가 느꼈던 감정과 자녀에게 기대했던 것은 무엇이었는지 살펴보는 활동입니다.

2. 〈활동지 2-5〉를 통해 재혼 과정에서 자녀에게 어떻게 이야기해 주었는지 기록해 보고, 하지 않았다면 어떻게 이야기하면 좋을지 적어 봅니다. 그리고 나의 자녀에게 혹은 배우자의 자녀에게 부모의 재혼에 대해 들려주고 싶은 이야기를 편지로 적어 봅니다.

3. 〈활동지 2-6〉은 우리 가족이 서로에게 기대하는 것을 알아보고, 가족 간의 상호작용을 경험하며 가족에 대해 더 알아 가는 활동입니다. 이는 다음 장에서 확인하는 과제입니다.

활동지 2-4 **서로의 마음이 보여요**

🏠 자녀와 가장 힘든 상황이나 시간을 떠올려 보고, 그때 내가 느낀 감정과 내가 기대하는 것
은 무엇이었는지 적어 보세요.

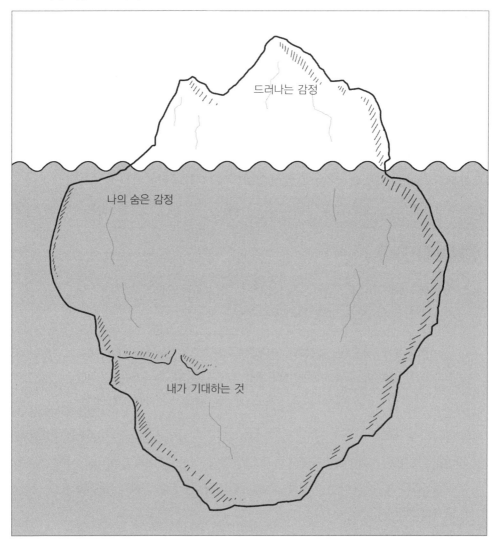

활동지 2-5　**나의 재혼 스토리**

🏠 나의 재혼에 대해 생각해 보세요.

내용	어떻게 했나?	어떻게 하면 좋을까?
재혼을 하는 이유는?		
앞으로 함께 할 가족은?		
가족 안에서 너(자녀)의 위치는?		
재혼 이후 우리의 변화는?		
너(자녀)는 어떻게 생각하니?		
너(자녀)는 괜찮니?		
네(자녀)가 기대하는 것은? /원하는 것은?		

🏠 나의 자녀에게 재혼에 대해 들려주고 싶은 이야기를 써 보세요.

엄마/아빠는….

활동지 2-6 그래, 그랬으면 좋겠네

〈과제〉

🏠 우리 가족의 기대는 무엇인가요?

대상	나의 기대	상대방의 기대
배우자		
자녀 1		
자녀 2		
자녀 3		

활동지 2-7 Small Big! 작지만 큰 변화

구분	내용
S 라포형성	• 친해지기 활동을 통해 느낀점은?
M 목표설정	• 이 회기를 통해 내가 부모로서 세운 목표는?
I 현실점검	• 지금까지의 나의 모습은?
N 대안탐색	• 오늘 활동을 통해 새롭게 알게 된 것은?
D 실행계획	• 오늘 활동을 통해 새롭게 실천할 부모로서의 나의 모습은?

평가	이번 장에 대한 평가	낮음 ←——→ 높음
	✔ 재혼을 결정하게 된 원인을 알게 되었는가?	① ② ③ ④ ⑤
	✔ 재혼 과정에서 자녀가 느꼈을 감정을 이해하였는가?	① ② ③ ④ ⑤
	✔ 내가 자녀에게 기대하는 것(욕구)을 알게 되었는가?	① ② ③ ④ ⑤

3장

새부모로 살아가야 하는 나

마음의 문도 마음의 창도 모두모두 열어 두자. 누구라도 왔다가 쉬어 갈 수 있게. 닫아 두면 들어오지 못하겠지만 나도 나가기 어렵다. 마음의 문도 창도 열어 바깥세상을 보자. 외롭다고 알아주지 않는다고 매일 하소연하지 말고 문을 열고 밖으로 나가 보자. 겁내지 말고 용기 내어 밖으로 나가 보자.

                         − 이원구, 『꺾이지 않는 대나무』

부 모역할은 성인이 수행하는 많은 역할 중 가장 가치 있고 의미 있으며 또한 어려운 일이다. 특히 재혼가정의 부모역할은 초혼가정의 부모역할보다 더 많은 어려움과 노력을 필요로 한다.

일반적인 초혼가족에서는 가족 구성원으로서 역할이 명확하게 정해져 있지만, 재혼가족의 부모나 자녀는 모두 적절한 행동양식을 알지 못해 혼란을 겪게 된다. 재혼가족을 이룬 많은 사람들이 재혼을 하면서 배우자의 자녀와도 친부모-자녀관계로 지내기를 바라고, 또한 새배우자가 나의 자녀에게 친부모의 역할을 해 주기를 바란다. 그러나 대부분의 재혼가족은 새자녀의 기질과 발달단계를 이해하고 자녀와 친숙해질 충분한 시간적 여유나 기회가 없이 가족관계가 형성되었기 때문에 자녀양육의 경험이 있는 사람이더라도 초혼가족의 규범을 그대로 적용하려 하는 경향이 있어 새자녀와 갈등을 심각하게 겪을 수 있다. 또한 자녀를 양육한 경험이 없는 새부모라면 자녀양육에 대한 두려움과 양육 기술의 부족으로 인한 부모로서의 자신감 부족 때문에 양육 스트레스가 매우 높을 수 있다.

따라서 재혼가족의 유형별 특징, 부모 자신의 양육태도, 자녀의 발달단계에 대한 종합적 이해를 통해 재혼가족의 부모역할을 수행하는 것이 필요하다.

재혼가족의 유형

재혼가족의 유형에 따라 생활방식과 가정에서의 갈등, 양육태도, 양육 스트레스가 다를 수 있다. 부모와 마찬가지로 자녀 역시 여러 가지로 낯선 상황을 맞이하게 된다. 처음에는 가족 모두가 긴장 상태에 있어 불편하기도 하고 낯설기도 하고, 무슨 일이 일어날지 예측할 수가 없다.

재혼가족 유형으로는 처음 부모가 되는 경우, 한쪽 부모만 자녀와 동거하는 경우, 양쪽 모두 자녀가 있는 경우, 양쪽 자녀가 있으며 재혼부모가 자녀를 낳은 경우가 있다. 각 유형마다 차이점도 있지만 재혼가족이 가지는 공통적인 점도 있다. 새자녀와의 문제에 대해 배우자의 도움만으로 모든 것을 해결할 수 있다면 가장 좋겠지만, 친부모와 새부모라는 심정적인 차이가 일을 복잡하고 어렵게 만들기도 한다. 이럴 때는 재혼의 어려움에 대해 다른 새부모나 그 분야에 능숙한 사람에게 도움을 구하는 것이 좋다. 또는 부부가 함께 재혼과 관련된 책 혹은 아동발달에 대한 책을 읽거나 교육에 참여해서 배우는 것이 자녀에 대한 이해를 하는 데 많은 도움을 준다. 그럼 재혼가족의 행복한 생활을 위해 각 유형의 특징과 생활 적응에 도움이 되는 방법은 무엇인지 알아보자.

처음 부모가 되는 경우

"남편이 너무 좋았어요. 전 부인과 사별하고 혼자서 아이들을 키우는 모습이 안쓰럽기도 하고 대단해 보이기도 하고… 제가 좀 도와주면 남편도 애들도 행복할 수 있을 것 같았어요. 제가 남편을 사랑하니까 당연히 아이들하고도 잘 지낼 거라고 생각했었는데, 현실은 너무 힘드네요."

"아내가 초혼이다 보니 제 아이들을 이해하지 못하는 상황입니다. 엄마로서 경험이 없어서 그런지 이젠 애들을 너무 부담스러워해요."

"남편에겐 아이가 둘 있어요. 막내가 초등학교 5학년이에요. 전 아이를 갖고 싶은데, 남편은 다시는 옛날처럼 애 키운다고 고생하고 싶지 않다는 말에 심장이 타들어 가더라고요."

"아이 낳는 문제로 시댁과 갈등이 심했어요. 아이를 낳으면, 남편의 아이들이 주워 온 아이처럼 될 거라는 시부모님의 말씀에 서운했어요."

처음 부모가 되는 경우란 한쪽 배우자는 초혼이나 재혼으로 출산을 한 적이 없으나, 다른 한쪽 배우자에게는 자녀가 있는 유형을 말한다. 이 유형은 부부 모두가 재혼인 경우보다 재혼으로 발생되는 부정적 감정을 다루는 데 서투르다. 처음에는 배우자를 사랑하는 마음이 크기 때문에 좋은 부모역할을 할 수 있을 거라는 막연한 자신감으로 시작하지만, 얼마 지나지 않아 생각하지 못했던 많은 어려움에 부딪치게 된다. 그리고 처음 부모가 된 경우 배우자의 가족이나 자신의 원가족에게 재혼의 정당성을 인정받기 위해서 또는 모성애/부성애를 느끼기 위해서 등의 이유로 자신의 아이를 가지고 싶어 한다. 그러나 재혼 배우자가 이를 거절하게 되면 자신들의 아이가 없기 때문에 쉽게 헤어질 수 있다는 생각을 하게 되어 부부갈등의 주요한 요인이 되기도 한다. 그러므로 재혼을 결정하기 전에 이 주제에 관하여 솔직하게 터놓고 이야기하는 것이 필요하다.

부모역할의 어려움

처음 부모가 된 배우자는 자녀를 키워 본 경험이 없고, 배우자 자녀의 성장과정을 함께 하지 않았기 때문에 자녀양육에 대한 전반적인 어려움과 두려움을 가질 수 있다. 처음 부모가 된 배우자에게 있어서 자녀양육은 준비되지 않은 상태에서 부모의 희생, 헌신, 돌봄 등이 요구되기 때문에 이것이 책임감, 부담감으로 이어져 배우자와 갈등이 생기기도 한다. 재혼 이전에 아이와 좋은 관계였다 하더라도 부모–자녀관계가 되면 현실적인 어려움에 부딪히게 될 수 있으므로 자녀양육에 대한 충분한 준비가 필요하다.

재혼부부 사이에서 새로운 자녀가 태어날 경우 축복인 동시에 처음 부모가 된 배우자의 경우 자기 자녀에 대한 모성애/부성애로 인해 배우자의 자녀에 대한 관심이 변화할 수 있어 부부갈등의 원인이 되기도 한다. 따라서 새로운 자녀 계획에 있어서 배우자 및 새자녀와의 소통이 중요하다.

한쪽 배우자만 자녀가 있는 경우

"나는 내 친자식을 전남편에게 보내고 지금 애들을 내 애다 생각하고 키웠는데…
남편이 애들 엄마는 안 그랬는데 너는 왜 그러냐 그럴 때… 애들이 내 맘 몰라주고
나보고 새엄마라서 그렇다고 비난할 때면 내가 친자식을 떼놓고 와서 벌 받는다는
생각이 들어요."

"딸까지 놓고 나온 주제에… 뭐 더 좋은 걸 보겠다고 재혼을 했을까 생각해요. 나
자신이 어리석은 판단을 하고 착각한 것 같아서 후회를 정말 많이 했어요."

"남편은 애들하고 같이 살고 싶은데 애들이 새아빠랑 같이 안 살고 싶어 해서 집을
따로 얻어준 걸 정말 후회해요. 부대끼고 해도 한 집에 살아야 하는데… 애들이 싫
어해서 존중한다고 한 것이 화근이 되어 융합이 안 돼요."

"한 1년… 생활비를 받았어요. 그런데 경제권까지 없으니 숨이 콱 막히더라고요. 내
아이를 위해 보내야 하는 돈이 있는데 남편에게 달라고 하기가 어려워서 재취업을
했어요."

한쪽 배우자만 자녀와 동거하는 경우란 재혼부부 양쪽 모두 자녀가 있지만
한쪽 배우자의 자녀와만 동거하는 유형을 말한다. 재혼가족과 함께 살지 않는
자녀는 전 배우자가 양육을 맡기도 하며, 자녀의 친조부모 또는 외조부모가 양
육을 맡고 있는 경우도 있다. 이러한 경우 함께 살지 않더라도 자주 만날 기회
를 갖고 자녀의 생활에 관심을 갖는 것이 중요하다.

부모역할의 어려움

부부 중 한쪽만 자녀를 데려와 함께 사는 경우에 그렇지 못한 다른 배우자는
자신의 친자녀에 대한 죄책감을 경험할 수 있다. 이런 죄책감으로 인해 함께 살
지 않는 자녀의 눈치를 지나치게 보며 자녀의 욕구를 분별없이 충족시켜 주거

나, 자녀와의 갈등을 겪지 않으려고 제대로 훈육하지 않는 경우도 있다. 또한 친자녀를 밖에서 따로 만나야 하는 불편함과 자신의 자녀에게 지출되는 양육비 문제 등에서 갈등을 겪기도 한다.

한편, 배우자의 자녀를 양육하는 경우 내 자녀를 키우지 못한다는 죄책감으로 배우자의 자녀에게 지나치게 헌신하거나, 반대로 마음을 열지 않아 건강한 부모−자녀관계를 형성할 수 없어 지나치게 허용적이거나 거부적인 부모가 될 수 있다.

반면, 자신의 자녀만 양육하는 부모는 배우자의 눈치를 지나치게 보거나, 내 자녀가 배우자에게 밉보이지 않을까 하는 두려움으로 전전긍긍하기도 한다. 그래서 자녀의 행동을 지나치게 관여하고 간섭하는 통제적인 부모가 될 수 있다.

또한 재혼 당시에 떨어져서 살던 자녀와 재결합하게 되는 경우도 있는데, 재혼 후 가족의 역사나 문화에 대해 이해하지 못하고 적응하지 못해 가족 간 융합이 더욱 어렵다.

양쪽 모두 자녀를 데리고 재혼하는 경우

"지금도 애들이 새아빠 곁에 가까이 가려고 하질 않아요. 나도 남편이 데리고 온 애들하고는 어색할 때가 더 많아요. 남편과 싸우고 나면 전 제가 데리고 온 애들 방에서 같이 자요."

"사사건건 자기 친자식들과 내 아이들을 비교하고, 아이 보고 너는 '왜 이 모양이냐.' 하고 말하면 꼭 나 들으라고 하는 소리인 것 같아서 더 화가 나요."

"남편의 아이와 제 아이가 똑같은 잘못을 해도, 두 아이를 똑같이 혼내지 못하는 거예요. 그런 불만 때문에 싸운 적이 많았죠. 차별 때문에…."

"직장생활은 아이들이 자라면 할 생각이었는데… 남편의 아이에게 쓰는 돈은 그렇지 않은데 제 아이에게 쓰는 건 눈치가 보였어요. 그래서 복직했죠."

양쪽 모두 자녀를 데리고 재혼하는 경우란 재혼부부 모두 자녀가 있으며 그 자녀들과 함께 사는 유형을 말한다. 부부 모두 자녀를 데리고 재혼하는 경우에는 이미 이전 가족에서의 문화와 양육방법이 확립되어 있는 상태에서 새로운 가족이 형성되는 것이다. 처음 재혼가족이 형성되었을 때는 서로 다른 생활 태도, 가족 서열의 재정립, 친밀하지 않은 감정으로 어색하고 익숙하지 않아 다양한 갈등과 어려움이 생길 수 있으므로 가족 간의 협의와 소통을 통해 가족의 규칙을 새롭게 만들어 가는 것이 필요하다.

부모역할의 어려움

이 유형은 각각의 초혼가정에서의 습관이나 규칙 면에서 서로 다른 점이 많아 앞의 네 가지 유형 중 갈등이 생길 확률이 가장 높다. 자녀는 친부모와 자기의 관계가 달라지는 것은 아닌지 막연한 불안감을 갖게 되며, 새로운 부모에게 적응하는 것도 벅차고, 새로운 형제를 어떻게 대해야 할지 잘 몰라 심한 스트레스를 받게 된다.

이때 재혼부부는 초혼가족에서도 부모-자녀관계를 경험하였으며, 부모라는 공통점으로 상대방의 자녀와도 새로운 관계를 만들어 가야 하는 입장이다. 부모로서의 경험이 서로를 이해할 수 있다는 장점이 되기도 하지만, 부부 사이가 나빠지면 각자의 자녀에게 정신적으로 도피를 하는 특징이 있다.

자녀 훈육에 있어서도 부부 각자가 자신의 방식으로 자녀를 키워 왔기 때문에 배우자의 양육 방법을 수용하기 어려울 수 있으며 배우자가 자신의 자녀를 대하는 태도로 인해 갈등을 겪을 수 있다. 그러므로 자기 자녀의 편의만 봐주는 식으로 행동함으로써 친자녀와 새자녀를 경쟁 관계로 몰고 가지 않도록 해야 한다. 즉, 이미 형성되어 있는 이전 가족의 문화에 대한 이해와 수용이 필요하고, 갈등을 해결하기 위한 재혼가족만의 새로운 방법을 찾을 필요가 있다.

양쪽 모두 자녀가 있으며 재혼부모가 자녀를 낳는 경우

"처음 재혼해서 남편의 아이들과 좀 어색했어요. 그런데 아이가 생기고 나니 남편의 아이들도 동생이 생겼다고 좋아하고, 내 애들도 좋아하고… 가족 모두에게 공통의 관심사가 생기니 언제부터였는지 모르게 함께 얘기하는 일도 많아지고, 웃는 일도 많아졌어요. 처음에는 아이를 낳을까 말까 고민했었는데, 낳길 잘한 것 같아요."

이 유형은 재혼부부 각자의 자녀가 있으며 그 자녀들과 함께 생활하는 가운데 재혼부부 사이에서 새로운 자녀가 태어난 유형을 말한다. 이미 자녀가 있는 재혼가족에서 새로 아이를 낳는 문제는 그리 간단하지 않다. 아이의 탄생이 혈연관계가 없는 가정에서 가족 구성원을 묶어 주어 안정된 가정을 만들기도 하지만, 반대로 부모가 새로 태어난 아이에게 관심을 집중하여 이전 자녀들이 소외감을 느끼는 등 가족갈등의 원인이 되기도 한다.

부모역할의 어려움

이 가족 유형의 자녀들은 새로 태어난 동생으로 인해 '동생만 엄마 아빠의 진짜 자녀'라는 생각을 하게 되어 동생과 자신의 지위를 비교해 열등감이나 소외감을 느낄 수 있다. 자녀들은 부모의 사랑을 빼앗길까 봐 불안함을 느끼기도 하지만, 새로 태어난 동생을 중심으로 화목한 관계가 형성되기도 한다. 이렇듯 자녀의 나이와 상관없이 동생을 바라보는 아동에게는 다양한 양가감정이 나타난다.

따라서 자녀들에게 새로 동생이 태어나는 것에 대해 어떻게 생각하는지, 또 동생이 태어남으로써 우리 가족에 어떤 변화가 일어나는지 등을 이야기해 봄으로써 자녀들이 동생의 출생에 참여할 수 있도록 하는 것이 필요하다. 이와 더불어 부모로서 이전 자녀와의 관계를 잘 유지할 수 있는 노력이 필요하다.

재혼가족의 새부모는 서로 다른 가족의 역사와 가치관, 행동양식을 존중해 주어야 하며, 그들만의 안정적인 생활양식을 만들고 일체감과 협동을 이루기 위해서 인내심과 융통성을 개발하는 것이 필요하다. 그리고 가족 모두가 새로운 역할, 새로운 규칙을 만들어 가기 위해 노력하면 기대 이상으로 좋은 결과를 얻을 수 있을 것이다.

Tip

재혼가족의 적응을 도와주는 방법

가족을 이룬 지 얼마 되지 않았을 때에는 초혼가족이든 재혼가족이든, 누구든지 당황스러운 경험을 하게 되므로 너무 자신을 비난하지 않는다.

- 친부모와 새부모는 자녀를 생각하는 마음에 큰 차이가 있다는 것을 받아들이자.
- 부모로서의 역할에서 벗어나 부부 둘만이 보낼 수 있는 시간을 정기적으로 가져 부부간의 유대감을 깊이 하는 것이 좋다.
- 어떤 일이든 융통성 있게 대처하고, 가족 모두 즐거운 시간을 보낼 수 있는 방법을 찾아본다.
- 새 배우자의 편을 들어주면 두 사람 사이를 갈라놓아 자신의 생각대로 움직이려는 자녀들의 의도를 막을 수 있다.
- 자녀들은 친부모의 양육태도에 익숙해져 있으므로 새 배우자의 의견을 참조하여 친부모가 주도적으로 훈육을 하는 것이 좋다.
- 자녀들 모두에게 공통된 규칙을 지키게 해야 한다. 단, 규칙의 전달은 각각의 친부모가 담당하는 것이 좋다.
- 자신의 재혼생활에 대해 긍정적인 생각을 하자.
- 스스로 자신의 역할에 한계를 세우고 역할에 따른 기대를 낮춘다.
- 새자녀의 문제에 대해서는 해당 배우자의 결정이나 조언에 따른다.
- 가족 모두가 새로운 가족에게 적응하기까지 인내심을 갖고 기다린다.

재혼가족 부모의 양육태도

부모의 양육태도는 자녀를 양육하는 데 있어서 일반적이고 보편적으로 나타
나는 태도 및 행동으로서 자녀의 정서적 · 인지적 · 성격적인 면에 크게 영향을
미치는 중요한 요인이다.

새부모는 새자녀를 일관된 태도로 양육하기 위하여 친부모의 자녀양육 방식
에 대해 아는 것이 필요하다. 또한 친부모의 양육 방식이 자신의 양육 방식과
다르다 할지라도 새자녀 앞에서 친부모를 비난하거나 부정해서는 안된다. 특
히 새자녀가 심리적 상처와 상실감을 충분히 해결하지 못했을 때는 새부모의
양육 방식을 받아들이기에 오랜 시간이 필요하다. 그러므로 부모로서의 자신
의 모습과 양육태도 등을 살피고 점검하여 원만한 부모-자녀관계를 위해 노력
하는 태도와 방법, 양육 기술을 익혀야 한다.

부모의 양육태도에 대해 많은 학자가 다양하게 분류하고 있지만, '온맘 재혼
부모교육 코칭프로그램'에서는 다음과 같이 세 가지의 양육태도에 대해 알아보
고자 한다.

통제적 양육태도

"난 이제 네 새엄마야. 네가 이전에 어떻게 살았는지 모르지만, 나와 함께 사는 동
안 내가 정한 규칙대로 해야 해."

통제적 양육태도란 집안의 모든 규칙과 일은 부모가 결정하고 자녀는 부모
의 명령에 복종하기를 원하는 권위주의적인 부모를 말한다.

통제적 양육태도의 부모에게서 자란 자녀는 큰 좌절감을 갖게 된다. 이들은
부모가 '옳다'고 믿고 자신이 '틀렸다'고 믿는다. 이들은 부모의 비판과 비난을

받기 싫어 부모를 기쁘게 해 주려고 애쓰고 부모가 원하는 행동을 하여 겉으론 이상적으로 보일지 모른다. 그러나 재혼 과정의 모든 상황을 부모가 일방적으로 결정하고 자녀에게 통보하여 새로운 가정에 적응을 강요받는다. 통제적 양육태도의 부모가 힘겨루기에서 승리하기 위해서는 너무나 많은 희생이 따르고, 자녀는 자아존중감과 책임감을 상실하게 된다.

한편, 새자녀를 통제하기 위해 지나치게 허용적이거나 새자녀의 말을 무조건 들어주는 경우도 있는데, 나타나는 모습은 수용적 양육태도로 보일지는 모르지만 부모가 자녀를 통제하기 위한 의도를 갖고 있다면 이 또한 통제적 양육태도라 할 수 있다.

거부적 양육태도

"넌 어차피 내 친자식이 아닌데 뭐. 니 맘대로 해."

"니네 친엄마/친아빠가 이렇게 했다면서 나보고 어쩌란 말이야."

"내가 지금까지 너한테 잔소리 한 번 안 하고 얼마나 신경 썼는데… 어떻게 그렇게 말할 수 있니? 됐으니까 이제부터 내가 시키는 대로 해."

자녀에게 지나치게 허용적이다가 자신이 이용당한다고 느끼면 갑자기 화를 내고 통제적으로 돌아서는 부모를 말한다.

거부적 양육태도의 부모는 어떤 일이 있어도 자녀와의 갈등은 피하려고만 하고 자녀를 막을 도리가 없다고 결론을 내린다. 재혼에 대해 죄책감을 느끼며 어떤 방식으로든 자녀에게 보상해 주어야 한다고 느끼기 때문에 자녀와 맞서기를 꺼린다. 또한 자녀의 사랑을 잃거나, 새자녀를 자기 편으로 끌어당기기 위해 지나치게 허용적이기도 하다. 그러다가 자신이 이용당한다고 느끼면 갑자기 화를 내고 통제적으로 돌아선다. 거부적 양육태도를 가진 새부모의 경우 새 자녀나 친자녀에게 허용적으로 보일 수도 있으나, 자녀에게 관심을 갖지 않은 경우에도 자녀에게 무조건 양보하게 되면 부모와 자녀 모두 자아존중감을 상 실하게 되고 자녀는 자기통제력, 협동하기 등을 배우지 못하여, 부모는 무력감 을 느끼게 되고 부모로서의 역할을 제대로 할 수가 없다.

수용적 양육태도

"네가 친엄마를 보고 싶어 하는 건 당연하고 자연스러운 거야. 네가 그렇게 슬퍼하 니 나도 마음이 아프네. 엄마가 많이 보고 싶을 때 내가 어떻게 해 주면 좋을지 좀 알려 줄래?"

"아빠 네가 그 일을 잘 해결할 거라고 믿어. 해결하다가 아빠의 도움이 필요하면 언 제든지 도와달라고 하렴."

집안의 모든 규칙과 일을 가족 구성원과의 합의에 의해 결정한다. 자녀에게 모범이 되는 행동을 하며, 자녀에게 자유를 주지만 행동에는 어느 정도 제약을 가하는 부모로서, 친부모의 양육태도를 수용하며 자녀 또한 존중하는 부모를 말한다.

자녀를 지지하고 존중해 주고 자녀가 스스로 결정할 기회를 주며, 의사결정 을 할 때 친자녀와 새자녀를 참여시킨다. 자녀가 지켜야 할 규칙을 이야기해 주 고, 합의된 규칙을 지키지 않았을 때는 그에 대한 결과에 대해서도 함께 논의하 며 자녀를 훈육의 과정에 참여하도록 한다.

지금까지 살펴본 세 가지 유형 중에서 나와 배우자는 어떤 유형에 속하는지 에 대해 살펴보자. 이러한 활동을 통해 나와 배우자의 부모유형을 파악하고 바람직한 부모역할을 이해할 수 있게 된다.

부모가 자녀에게 수행하는 역할과 역할 수행의 과정에서 나타나는 양육태도에 따라서 자녀의 발달적 특성이 다르게 나타난다. 그렇기 때문에 부모역할은 자녀의 발달과제에 있어서 매우 중요하다. 또한 부모역할은 고정된 것이 아니라 자녀의 발달에 따라 변화하는 것이므로 발달단계에 따른 부모역할에 대해 정확히 인식하는 것이 필요하다.

활동 가이드

〈활동지 3-1〉은 나와 배우자의 부모유형을 알아보고, 차이점과 공통점을 살펴본 후 바람직한 부모유형이 되기 위해 어떤 노력을 해야 하는지 이해하는 활동입니다.

1. 내가 부모로서 중요하게 생각하는 역할은 무엇인지 생각해 봅니다.

2. 나와 배우자는 앞서 살펴본 부모의 양육태도 유형 중에서 어떤 유형에 속하는지 생각해 보고 체크해 봅니다. (통제적 양육태도, 거부적 양육태도, 수용적 양육태도)

3. 나와 배우자가 그러한 양육태도 유형에 속한다고 생각하는 구체적인 이유를 살펴봅니다.

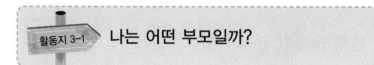

활동지 3-1　나는 어떤 부모일까?

🏠 내가 생각하는 부모역할과 나와 배우자의 양육태도를 표시하고, 그 이유를 적어 보세요.

내가 생각하는 부모역할	
나의 양육태도	통제형 ☐　　　　　거부형 ☐　　　　　수용형 ☐
배우자의 양육태도	통제형 ☐　　　　　거부형 ☐　　　　　수용형 ☐
이유	

자녀의 발달단계별 부모역할

부모역할에 대한 객관적인 이해 없이 새부모가 되면 예상하지 못한 문제에 부딪히게 되어 부모역할을 제대로 수행하기 어렵다. 부모가 자녀를 양육하는 데 있어 가장 중요한 것은 자녀에 대한 무한한 사랑이다. 그러나 자녀를 건강하고 성숙한 사회인으로 성장시키기 위해서는 좋은 의도나 사랑만이 부모역할의 전부는 아니다. 자녀의 발달단계에 따른 부모역할에 대해 정확히 인식하는 것은 실제로 부모역할을 수행하면서 부딪히는 예상치 못한 어려움에 효과적으로 대처하는 데 도움이 된다.

다음에서 자녀의 발달과업을 살펴보고, 이에 따른 바람직한 부모역할의 변화에 대해 알아보자.

태내기(임신에서 출산까지)

자녀의 발달적 특징과 과제

태아는 출생하기까지 어머니의 신체적 · 정신적 건강과 영양 상태, 정서, 흡연, 음주, 약물복용 등에 영향을 받는다. 임신은 난자와 정자가 만나는 순간부터를 말하며, 약 38주간의 기간을 거친다. 이 시기는 태아의 신체구조와 행동발달 등 인간발달에 기초가 형성되는 주요한 단계로서 출생 후 건강과 질병 위험에 대한 태아 프로그래밍이 일어난다.

태아 프로그래밍이란 태아는 어머니의 자궁 안에서 출생 후의 삶을 준비하는데, 이때 자궁 내 환경이 태아의 출생 후 생리학적 측면에 영향을 끼치는 것을 말한다. 예를 들면, 어머니가 임신 중에 입덧이나 다이어트 등의 이유로 잘 먹지 않으면 아이는 태어난 후의 굶주림에 대비해 지방세포를 분해하는 유전자를 차단해 버리게 된다. 즉, 작게 태어난 아이가 정상 체중으로 태어난 아이

보다 비만이 될 확률이 높아지게 된다. 뿐만 아니라 발달 초기에 자궁 내에서 영양 부족을 경험한 사람은 출생 후 각종 심장질환, 당뇨병, 고혈압, 대사성 장애, 내분비계 질환의 발생 위험률이 더 높은 것으로 알려져 있다. 또한 태아는 정서적으로 밀접한 관련이 있어, 어머니의 슬픔과 기쁨을 온몸으로 느끼며 열 달을 보낸다. 부모가 들었던 음악을 기억하여 출생 후 반응을 보이기도 하며, 어머니가 받는 스트레스가 심하면 조산할 확률이 높아지고, 태어난 후에도 정서적으로 불안하게 된다. 이처럼 아이와 어머니의 소통은 태아기 때부터 시작되는 것이다.

부모역할

태아는 어머니의 신체 상태, 약물복용, 음주, 흡연, 아버지의 태교, 태교 등의 태내 환경에 영향을 많이 받으므로 바람직한 태내 환경을 제공해 주는 것이 중요하다. 이 시기에 어머니는 적절한 영양 공급으로 태아의 신체적 발달을 돕도록 해야 하며, 피로·불안감·공포·슬픔 등의 정서 상태는 신체에 생리적 변화를 일으키게 하여 태아에게 영향을 미칠 수 있으므로 정서적으로 안정해야 한다.

첫째, 산모는 태아의 정상적인 성장을 위해 영양 섭취를 충분히 해야 하며, 질병을 앓지 않도록 건강관리에 힘써야 한다.

둘째, 태아에게 치명적인 영향을 미치는 약물복용, 음주, 흡연은 삼간다.

셋째, 미래의 아버지 역할을 준비하고, 산모의 고통을 함께 나누려는 남편의 지지적인 태도가 필요하다.

넷째, 부모로서 자녀의 발달과 그에 따른 양육 기술에 관심을 가진다.

다섯째, 임신 시기에 원하는 아이였는지 혹은 원치 않은 아이였는지에 따라 아이의 정서적 발달에 큰 영향을 미치므로, 부모 자신과 주변의 사랑과 격려가 필요하다.

여섯째, 부모로서의 자아상을 확립한다.

'정서적 태교' 이렇게 해요

- 산모가 느끼는 감정이나 정서가 그대로 태아에게 전달되므로 임신 중에는 감정을 조절해야 한다. 명상은 산모와 태아의 정서적 안정에 도움이 된다.
- 아기는 출생 후에도 태내 발달 동안 들었던 소리를 기억할 수 있으므로 동화책을 읽어 주거나 대화를 통해서 부모의 목소리를 많이 들려주는 것이 좋다.
- 부부관계가 좋으면 태아와의 애착에도 영향을 미치므로 아버지도 함께 태교를 하는 것이 중요하다.
- 아기가 사랑받고 있다는 것을 느낄 수 있도록 지속적으로 사랑을 표현하는 것이 좋다.

영아기(출생 후~만 2세)

자녀의 발달적 특징과 과제

영아기는 부모와의 애착관계를 형성하고, 의미 있는 언어를 사용하며, 운동 지능을 발달시키는 시기다.

- 신체 발달: 영아기는 인간발달의 기초적 토대를 형성하는 시기로 신체적 성장 및 운동 능력의 발달이 매우 급격하게 이루어지는 시기다. 신체적 발달은 매우 빨라서 생후 1년이 되면 출생 시 신장의 1.5배, 체중은 약 3배 정도 성장하며, 두뇌 발달도 급속도로 이루어져 생후 2년이 되면 성인 뇌 무게의 80% 정도가 된다. 영아의 운동 기능은 먼저 머리에서 시작해서 팔과 몸통, 다리의 순서로 발달하며, 다음으로 신체의 중심에서 말초 방향으로 발달해 간다. 영아는 대근육의 발달로 기기, 서기, 걷기 등의 발달을 보이며, 소근육의 발달은 물건 잡기, 반원이나 손가락 쥐기, 잡기, 닿기 등의 보다 정교한 움직임을 발달시킨다. 또한 소리내기, 빨기, 씹기와 같은 구강

활동을 통해 세상을 배워 나가는 것에 가장 큰 쾌감을 느낀다.

- **인지 발달**: 영아기는 반복적인 탐색 활동을 하며 감각을 통한 자극을 통해 인지를 발달시키는 감각운동기다. 손으로 물건을 잡아서 입에 넣는 능력이 발달함에 따라 이를 이용해 세상을 탐색하게 된다. 그리고 모든 사물이 영아가 직접 보거나 만질 수 없더라도 독립적으로 공간에 존재한다는 대상연속성을 획득하게 된다. 언어의 발달을 살펴보면, 출생에서 12개월까지는 울음이나 옹알이, 엄마, 아빠를 말할 수 있으며, 12~18개월에는 한 단어로 전체 문장을 표현하게 되고, 24개월 무렵에는 두 단어 이상 사용하며, 자장가를 따라 하기도 하고, 혼자서 책 읽기를 흉내내기도 한다.

- **정서 발달**: 영아기는 여러 정서가 분화하기 시작하는 단계로 출생 직후의 영아는 본능적 욕구와 관련된 정서가 많이 나타나는데, 예를 들면 배고프거나 배변을 봤을 경우 울음을 터뜨리고 손발을 버둥거리는 등의 불쾌한 정서를 표현하고, 사회적 미소를 짓는 등의 표현을 하다가 점차 성장해 나감에 따라 공포, 낯가림 등으로 정서가 분화되어 간다. 이 시기의 양육의 질로 형성되는 안정적인 정서 상태는 이후 인성 형성에 커다란 영향을 미친다.

- **심리사회적 발달**: 영아기에는 신뢰감이 형성되는데, 영아는 가족, 특히 어머니의 적절한 보살핌이 제공되면 신뢰감이 형성되지만 일관성 없는 양육태도를 경험하면 불신감을 갖게 된다. 신뢰감은 장차 타인과의 원만한 인간관계는 물론 자신 및 세상에 대한 신뢰의 바탕이 된다.

영아기의 주요 발달과제로는 애착 형성이 있다. 애착이란 친밀한 사람과 강한 감정적 유대감을 형성하는 것으로서 어머니와의 안정적인 애착관계는 이후 자녀의 성격과 인간관계 형성에 영향을 미치며, 어머니에 대한 신뢰감은 이후 타인에 대한 신뢰감과 친밀감으로 이어지기 때문에 매우 중요하다. 또한 인지 발달을 촉진하기 위해 다양한 감각 자극이 필요하다.

부모역할

영아기 때는 가장 급격한 신체발달이 일어나고, 부모와의 애착관계를 통해 정서가 형성되며, 감각적인 자극을 통해 인지발달이 일어나는 시기로서 그 어느 때보다 부모의 역할이 중요한 시기다. 부모는 보살핌을 제공하는 역할을 수행해야 한다.

첫째, 부모는 아기의 수유와 수면 시간 등에서 고유한 기질과 선호가 있음을 인식하고 이러한 요구에 민감하게 반응하여 자녀가 인간관계에 대해 신뢰감을 갖게 한다.

둘째, 안정된 애착관계는 아기의 기분이나 욕구에 민감하게 반응하는 어머니의 신속하고 적절한 반응에 의해 형성되므로 어머니는 아기와 상호 관계를 맺으며 안정적인 애착을 형성해야 한다.

셋째, 부모는 자율성 발달을 돕기 위하여 아기가 주위를 탐색할 수 있도록 적절히 인정해 준다.

넷째, 영아기는 감각운동기에 해당하므로 풍부한 감각적 경험이 필요하다. 영아기는 주위의 모든 사물에 대해 호기심을 가지고 탐색하므로 아기가 다양한 감각 경험을 할 수 있도록 물리적인 환경(장난감, 책 등)을 조성해야 한다.

Tip

'애착 형성' 이렇게 해요

- 아기가 울거나 웃는 등 여러 가지 감정을 표현할 때 무심히 넘기지 말고 적절히 반응해 준다.
- 부모의 기분에 따라서 반응하기보다는 일관성 있는 태도를 보인다.
- 양육자가 자주 바뀌는 것을 피하고, 양육자가 바뀌는 경우에는 아기가 새로운 양육자에게 익숙해질 때까지 이전 양육자와 함께 돌본다.
- 아기의 요구에 즉각적으로 반응한다.
- 다양한 애정 표현법을 개발하여 실천한다.

유아기(만 2~6세)

자녀의 발달적 특징과 과제

유아기에는 신체적 발달로 정서, 인지, 성격, 사회성 등 여러 발달의 기본 토대를 형성하며 자율성과 주도성을 기르는 시기다.

- 신체적 발달: 유아는 신체적 발달에 의해 점차 성인과 같은 신체 비율로 발전하고 균형 잡힌 자세를 갖게 된다. 이 시기의 신체 발육을 위해서는 유전적인 요인과 더불어 영양 상태, 충분한 수면, 정서적 안정 같은 환경적 요인의 영향을 받게 된다. 또한 운동기능이 향상되어, 2~3세 때는 뛰고 달리고 공을 던지는 등의 대근육 운동과 단순한 옷을 입고 벗기, 수저 사용 같은 소근육과 협응 능력의 발달로 눈과 손의 협응이 필요한 정교하고 세밀한 활동이 가능해진다. 3~6세 때는 운동 기능이 더욱 향상되어 세발자전거나 두발 자전거 타기, 가위를 이용해서 종이 자르기, 원과 대각선을 따라서 그리기, 숫자와 쉬운 단어를 모방하여 쓰기 등을 한다.

- 인지 발달: 유아기의 인지 발달은 상징을 사용하는 대상을 마음속에 그릴 수 있는 정신 능력인 표상적 사고, 물질의 모양이나 위치가 변해도 물질의 속성은 동일하다는 개념인 보존개념, 무생물체도 생명이 있다고 생각하는 물활론(예: 의자에 부딪혀서 넘어졌을 때 의자를 때려 주면 의자가 맞고 아파한다고 느낌), 타인의 생각과 감정 등이 자신과 동일하다고 믿고 타인의 관점을 이해하지 못하는 자아중심성이 발달하며, 논리적으로 원인과 결과를 연결 짓지 못하는 사고를 한다. 어휘력 또한 증가하여 3세 무렵이면 짧고 간결한 문장을 표현하며, 4~5세에는 4, 5개의 단어를 사용하여 문장을 표현하거나, 접속어를 반복적으로 사용하게 된다. 5~6세에는 모국어가 기본적으로 완성되어 거의 성인처럼 말하게 되며, 이해능력 또한 발달하게 된다. 또래 유아와 비교하여 언어 발달과정이 현저하게 지체되거나 1년

이상 차이를 나타내는 경우는 언어발달 장애에 해당된다.

- **정서 발달**: 유아의 정서는 매우 강렬하게 나타나지만 일시적이라는 특징이 있는데, 이는 관심의 변화가 쉽게 일어나기 때문이다. 유아는 화가 나면 온 몸을 사용해서 화를 표현하다가도 쉽게 풀어져 헤헤거리기도 하고, 웃다가도 금방 울음을 터뜨리기도 한다. 이 시기의 정서에 대해 좀 더 살펴보면, 영아기에 비해 공포심을 많이 느끼는 시기다. 공포심을 심하게 느끼는 유아는 무서운 이야기가 나오는 책이나 TV 프로그램은 보지 않는 것이 좋으며, 어두움에 대해 공포를 느끼는 유아라면 방에 약한 불을 켜 두는 것이 좋다. 천둥소리에 놀라는 유아도 많은데, 천둥이 칠 때 "나쁜 애를 벌주려는 소리다." 등의 공포심을 조장하는 말을 하지 않는 것이 좋다. 유아기에 형성된 어떤 대상에 대한 정서가 이후 성장해서의 대상을 대하는 태도나 정서를 결정하는 경우가 많으므로 공포심을 조장하지 않는 것이 좋다. 또한 유아는 분노를 자주 터뜨리기도 한다. 유아기는 무슨 일이든 자신이 주도적으로 하기를 원하는 시기인데, 운동 기능적 발달이 충분히 이루어지지 않아 실패를 거듭하게 되고, 이에 따라 주변으로부터 제재와 통제를 받게 되어 분노를 터뜨리게 된다. 유아기는 동생의 출현과 더불어 질투심이 많이 생기는 시기이기도 하다. 부모의 애정이 어린 동생에게 쏠리게 되면 유아는 아기 말투 흉내 내기, 어머니에게서 떨어지지 않기, 대소변 못 가리기, 아기 때 썼던 젖병이나 담요 사용하기 등의 퇴행 행동을 하게 된다. 이럴 때 부모가 애정 어린 말을 계속 해 주거나 스킨십을 많이 해 주는 것이 좋다.

- **심리사회적 발달**: 유아는 자신의 특성, 능력, 태도, 가치 느낌 등에 대한 총체적 견해인 자아개념, 그리고 자신의 가치에 대한 전체적 평가인 자아존중감이 발달한다. 뿐만 아니라 성격 형성에 결정적인 영향을 미치게 되는 자율성과 주도성이 발달한다. 자율성은 자기 능력으로 기능을 발휘하도록 허용하고 격려할 때 발달하게 된다.

유아는 자신의 감정에 대해 이야기할 수 있지만, 다른 사람의 감정을 이해하지 못하고 자신과 다른 사람의 감정이 다르다는 것을 구별하지 못한다. 또한 유아의 선천적 기질, 가정과 유치원에서의 적응, 또래 친구와의 상호 관계 형성이 유아의 정서발달에 영향을 미친다. 특히 부모와의 상호작용이 매우 중요한데, 그 속에서 도덕성 발달과 더불어 성 역할을 터득하고 자신에 대한 정체감을 형성해 나아 간다. 이 시기의 여러 가지 경험은 유아의 성격 형성에 결정적인 영향을 미치게 된다.

부모역할

이 시기에 부모로부터 과잉보호를 받거나 또는 적절한 도움을 받지 못하게 되면 환경을 통제하는 능력에 의심을 갖게 된다. 그리고 유아를 부끄럽게 만들면 수치심을 갖게 된다. 주도성은 유아가 탐색하거나 실험할 수 있는 자유를 허용하고, 질문에 충실히 답해 줄 때 발달한다. 그러나 이와 반대로 아동의 활동을 제한하고 간섭하며 질문을 귀찮게 여기면 죄책감이 형성된다.

이 시기의 바람직한 부모역할은 다음과 같다. 첫째, 유아기는 자립심을 키워 나가는 시기라는 것을 이해하고 자녀가 하는 행동을 느긋하게 지켜 보면서 유아 스스로 행동하고 거기에서 성공의 기쁨을 느낄 수 있도록 해 주어야 한다. 특히 호기심과 탐색이 활발한 2~3세 때 부모나 주변의 통제를 많이 받게 되면 수치심과 자신의 능력에 대해 회의감을 느끼게 되므로, 부모는 새로운 환경에 대해 유아가 주도적으로 탐색할 수 있는 환경을 만들어 주어야 한다.

둘째, 부모의 훈육에 의한 기본적인 규칙과 제한으로 식사, 배변, 예절 등의 바람직한 생활습관을 습득하고 사회의 일원이 되는 데 필요한 행동을 익히도록 하는 것이 필요하다. 부모가 수용적 양육태도로 유아의 눈높이에 맞는 훈육을 하면 유아는 도덕적 규제나 양심, 금지해야 하는 것들에 대해 자연스럽게 배우면서 호기심을 강화시키고, 자존감을 유지하며 자기 행동에 통제력을 갖고 자율성을 형성해 간다. 그러나 부모가 통제적 양육태도로 너무 엄격한 기준을 세워 놓아 유아가 꾸중과 체벌을 많이 받은 경우에는 소극적이 되고 호기심이 위축되며 자율성을 형성하기가 어렵다. 반면, 유아가 원하는 것을 모두 허용하게 되면 유아는 인내심이나 자기통제력을 형성하지 못하게 된다. 따라서 부모는 수용적인 양육태도로 자녀가 자율성을 형성하고 바람직한 행동을 수행할 수 있도록 해야 한다.

셋째, 유아기는 동일시가 일어나는 시기로서 부모는 유아에게 바람직한 역할 모델링을 제시해야 한다. 예를 들어, 교통신호 지키기 경우, 부모는 일방적이고 이론적인 훈육보다 일상생활에서 직접 모델링을 해 주는 것이 효과적이다. 또한 성역할에 대해 남성과 여성의 역할이 고정적이지 않고, 상호 협조하는 관계라는 것을 생활 속에서 자연스럽게 인식시켜 나가야 한다.

넷째, 유아는 환경과 경험을 통해 인지가 발달하므로 부모는 유아가 안전하고 자유롭게 탐색할 수 있는 환경을 제공해 주어 많은 것을 학습할 수 있도록 도와주어야 한다. 특히 부모와 언어놀이 등의 활발한 상호작용은 유아의 언어 발달뿐만 아니라 사회성과 정서 발달에 영향을 미치므로 이를 위해 먼저 자신의 의사를 표현하는 방법을 학습할 수 있도록 해야 한다.

다섯째, 유아기는 부모의 사랑을 독차지 하고 싶은 마음에 형제간에 경쟁을 하는 시기다. 동생이 있을 경우 질투심을 느껴 퇴행 행동을 하거나, 서로 때리는 등의 공격적인 행동이 나타나기도 한다. 이때 부모는 공정한 중재자로서 어느 한쪽의 편을 드는 행동을 하지 말고 공평하게 대해야 한다.

Tip

'자율성과 주도성 발달' 이렇게 해요

- 자녀가 '예' '아니요'에 대한 자신의 의사를 표현할 수 있도록 지도한다.
- 자녀가 자기 스스로 능력을 발휘하도록 허용하고 격려한다.
- 자녀의 활동을 무조건 제한하거나 간섭하지 않는다.
- 일방적 지시보다는 자녀가 스스로 터득해 갈 수 있는 환경을 구성하여 제공한다.

아동기(7~12세)

자녀의 발달적 특징과 과제

아동기는 학교생활과 또래관계를 통해 근면성을 발달시키는 시기다. 자녀가 자신의 성취 결과를 또래와 비교하는 기회가 많아지면서 여러 영역에서 자신의 능력에 대해 걱정하고, 능력이 기대에 미치지 못하는 경우에는 수치감과 부적절감을 느낀다.

- 신체 발달: 아동기는 점차 성인 같은 신체 비율로 성장이 완만하게 이루어지고, 사춘기적 특징이 시작되며, 아동 비만이나 소아 당뇨 등이 생길 수 있는 시기이므로 생활환경이나 식생활에 관심을 기울여야 한다. 아동 비만의 경우, 건강에 대한 문제뿐만 아니라 부정적인 신체 이미지와 열등감 같은 심리적 문제를 발생시킬 수 있으므로 더욱 관심을 가져야 한다. 또한 대근육과 소근육의 정교화로 각종 운동 능력이 발달하면서 개인차와 성차가 크게 나타난다. 일반적으로 남아는 대근육을 이용한 운동 기능에서 뛰어난 반면, 여아는 소근육을 이용한 악기 연주, 그림 그리기 등의 활동에 뛰어난 면을 보이기도 한다.
- 인지 발달: 아동기는 구체적 조작기로 사물과 사건의 원리를 깨닫고, 분류하며, 관계를 이해하는 데 있어 자기중심적 사고에서 벗어나서 다른 사람의 사고나 감정 등을 이해하고 공감할 수 있는 조망 능력이 생긴다. 조망 능력은 비언어적인 의사소통을 이해하고, 다른 사람의 감정이나 의도 등을 이해하는 데 필수적인 것이다. 아동기는 언어 능력의 발달로 의사소통이 원활해져서 언어 발달에 대해서는 크게 신경을 쓰지 않는 경우가 대부분이나 아동기의 언어는 인지 발달과 밀접한 연관이 있으므로 적절한 독서 습관을 길러 주는 것이 필요하다.
- 정서 발달: 아동기의 정서는 독립적으로 발달하는 것이 아니라 인지 및 언

어 발달과 함께 일어난다. 인지 발달로 인하여 복잡한 상황에 대한 이해가 높아지면서 정서 분화가 심화되며, 언어가 발달함에 따라 자기 내면의 정서를 보다 정확하게 표현하는 능력이 생기는 것이다.

- 심리사회적 발달: 아동기는 근면성이 발달하는 시기다. 아동은 순조로운 학습과 대인관계에서 성공을 경험하게 되면 성취에 대한 기쁨과 더불어 성인에게 인정을 받으면서 자신에 대한 가치감과 근면감을 형성하게 된다. 반면, 실수나 실패를 경험하게 되면 열등감이나 사회적 부적응감을 갖게 될 위험이 있다. 이 시기의 아동에게 학교는 새로운 환경으로 작용하는데, 교사 및 또래집단과의 사회적 상호작용을 통해 대인관계에 필요한 기술을 습득하고 그들의 평가 및 피드백을 기반으로 자아개념을 형성하게 된다.

부모역할

학령기인 아동기는 자아 성장의 결정적인 시기이며, 자존감 발달의 가장 중요한 시기다. 학교생활을 시작하면서 학업적 성취와 또래관계는 아동의 중요한 발달적 과제가 된다. 그리고 자신의 신변처리를 스스로 할 수 있는 능력이 향상되면서 부모의 손길에서 벗어나 점차 독립적인 존재로 발달해 나간다.

이 시기의 부모역할은 다음과 같다. 첫째, 부모는 자녀가 할 수 있는 적절한 수준의 과제를 통해 성취를 맛보게 함으로써 근면성을 발달시킬 수 있도록 도움을 주어야 한다.

둘째, 부모는 자율성이 확대되는 아동기 자녀와 갈등이 생겼을 때 일방적인 지도나 훈육보다는 합의점을 이끌어 낼 수 있는 자율이 보장된 양육태도를 보여야 한다.

셋째, 부모는 자녀의 또래관계에 대해 항상 관심을 갖고 관찰해야 하며, 자녀가 또래와 어울리는 데 어려움이 있다면 적절히 지원하고 격려해 주어야 한다.

넷째, 부모는 자녀가 학교생활에서 경험하는 분노와 좌절감을 조절할 수 있도록 도와주어야 한다.

　다섯째, 부모는 아동기 자녀의 자존감 발달을 위해 아동 스스로가 귀한 존재로 여길 수 있도록 수용적 양육태도를 가지고 자녀의 일상생활에 관하여 칭찬과 격려를 아끼지 말아야 한다.

'근면성 발달' 이렇게 해요 [Tip]

- 독립심과 책임감을 발휘할 수 있는 기회를 준다.
- 아동의 실수에 대하여 인내하며, 아동에 대한 긍정적인 믿음을 가진다.
- 또래와 상대적 비교는 하지 않는다.
- 아동 스스로 현실적 목표를 세우고 실행할 수 있도록 지도한다.
- 목표를 세분화하여 점진적으로 달성해 갈 수 있도록 지도한다.

청소년기(13~18세)

자녀의 발달적 특징과 과제

　청소년기는 신체적 · 정서적 · 도덕적 · 사회적 발달이 활발해지는 시기다. 또한 자아정체감이 형성되고 자율성을 기르는 과정에서 부모의 권위에 대해 의문을 갖게 되고 자신의 입장을 강하게 주장하게 되어 부모와의 갈등이 증가하기도 한다.

- 신체 발달: 청소년기에는 급속한 신체 발달과 성호르몬의 증가로 2차 성징이 일어난다. 이러한 변화는 단순히 형태적 변화뿐만 아니라 사회적 · 학업적 성취와 더불어 자아개념 형성의 중요한 요인이 된다. 청소년은 자기가치나 자아존중감을 확보하기 위해 타인의 시선에 민감하여 타인 의존적

인 모습을 보인다. 신체적 발달이 조숙한 남자 청소년은 적극적이며 긍정적이고 자기신뢰와 자아존중감이 높다. 반면, 신체적 발달이 더딘 남자 청소년은 불안하고 안정감이 없으며, 자의식이 강하고 행동을 과장하여 주면의 관심을 끌려고 노력하며, 보통 집단 내에서 인기가 적다. 발달이 빠른 여자 청소년은 불안, 우울, 낮은 자아존중감을 갖게 되고, 또래집단과 잘 어울리지 못한다. 발달이 늦은 여자 청소년은 활발하고 자기주장이 강하며 자신감이 있어 보통 집단 내에서 인기가 높다. 청소년기는 자신의 신체에 관한 이미지로 인해 거식증이나 폭식증이 발병하기도 한다.

- **인지 발달**: 청소년기는 형식적 조작기로 추상적 개념을 사용하여 논리적으로 사고할 수 있는 능력이 생기며, 현실을 넘어서 미래의 가능성에 대한 사고까지도 할 수 있다. 청소년은 지나치게 자기중심적이고 자의식이 과장되기 쉬워 자아 중심성 경향을 보인다. 대표적으로, 자의식을 지나치게 과장한 나머지 자신의 행동이 모든 사람의 관심 대상이라고 생각하는 '상상적 청중'과 자신의 경험은 독특하다 못해 특이하기 때문에 다른 사람과는 다르다는 강한 믿음인 '개인적 우화'를 들 수 있다.

- **정서 발달**: 청소년기는 신체 발달과 함께 성적인 성숙이 이루어져 감정이 풍부해지고 다른 어떤 시기보다 감정적 기복이 강하고 불안정한 정서적 변화를 경험하기 때문에 '질풍노도기'라고 표현되기도 한다. 청소년기 초기인 10~14세에는 급격한 신체적 성숙과 더불어 성에 대한 의식과 이성에 대한 관심이 높아지고, 수치심을 강하게 보이며, 성인에 대해서 반발하거나 불신감을 가지는 것으로 나타난다. 또한 자의식이 높아지면서 자기를 인정해 주지 않거나 이해해 주지 않을 경우 불평을 많이 한다. 청소년기 중기인 14~17세에는 주관적인 태도가 강하게 나타나게 되어 또래집단의 활동에 적극적으로 참여하고 우정을 중요시하며 다양한 취미 활동에 관심을 보인다. 부모나 권위자들의 보수적인 태도에 대해 반항이나 저항을 하게 되고, 자신이 이상적으로 추구하는 것을 실현하려고 한다. 이런

분노 반응은 남자 청소년에게는 직접적이고 행동적으로 나타나며, 여자 청소년에게는 언어적 행동으로 많이 나타난다.

- **심리사회적 발달:** 청소년기의 사회적 발달의 중요한 특징은 자아정체감 확립이다. 따라서 청소년은 자신의 신체조건 역할 등을 인정하고 받아들이며 자신의 가치를 발견하도록 노력해야 한다. 자아정체감은 적절한 제한 속에서 스스로 독립적으로 행동하는 시도를 하게 될 때 발달한다. 이 단계에서 긍정적인 자아정체감이 확립되면 이후의 심리적 위기를 적절히 넘길 수 있지만, 방황이 계속되면 부정적인 정체감을 형성한다.

부모역할

청소년기에는 이전 시기의 발달적 위기가 다시 반복되는데, 이때 이전의 단계에서 잘못 형성된 경험들을 회복할 수 있도록 도와줄 수 있다. 부모를 향해 형성되었던 애착은 청소년기가 되면 또래로 옮겨 가게 되는데, 이때 유아가 자신과 어머니에 대한 신뢰감을 발달시켜 건강한 애착을 형성할 수 있는 것처럼, 애착이 불안정하게 형성되어 있다면 이것을 또래관계에 건강하게 옮겨 갈 수 있도록 도와주어야 한다. 또한 또래, 교사, 믿을 만한 선배와의 관계에서 신뢰를 경험하게 되면 손상되었던 신뢰감을 회복하게 된다.

아동이 자율성을 추구하는 것과 같이, 청소년도 독립적으로 자신의 미래를 선택하려고 하며 통제를 거부한다. 자녀가 부모로부터 심리적으로 독립하려고 할 때 이를 도와주게 되면 자녀는 세상을 살아가는 데 자신이 주도할 수 있다는 것을 경험하게 되고, 이를 통해 이전에 가졌던 수치심을 회복하여 자아를 건강하게 형성할 수 있게 된다. 또한 청소년기부터는 부모의 역할이 양육의 개념에서 조언자로서의 역할로 점차 달라지기 시작한다.

이 시기의 부모역할은 다음과 같다. 첫째, 부모는 자녀의 독립을 도와주어야 하며, 자녀와의 의사소통 방식도 기존의 방식이 아닌 새로운 방식으로 개선할 필요가 있다.

둘째, 부모는 이전과는 다른 부모−자녀관계를 정립하여 단순한 양육자로서의 역할이 아니라 보호자로서, 동일시 대상으로서 그리고 상담자이며 때로는 친구관계로서의 역할을 담당해야 한다.

셋째, 사춘기의 제2차 성장이 나타나는 시기이므로 자녀가 성적 욕구를 지닌 존재임을 인정하여 자녀의 변화를 받아들이고 자녀의 합리성과 논리성을 객관적으로 수용하고 지지하는 자세가 필요하다.

청소년기의 자녀는 부모로부터 독립하고 싶어 하지만 심리적으로 미성숙하기 때문에 부모의 지도가 여전히 필요하다.

> **Tip**
>
> ### '자녀의 독립심' 이렇게 해요
>
> - 자녀의 독립을 위해서 부모와의 관계가 안정적이 되도록 한다.
> - 자녀의 생활에 너무 집착하거나 지배하지 않도록 한다.
> - 반항하는 자녀를 무조건 통제하기보다 믿고 기다려 준다.

지금까지 살펴보았듯이, 부모역할은 일방적이고 고정된 것이 아니라 자녀의 발달과 더불어 상호작용하고 변화하는 것이다. 자녀의 발달단계에 따른 부모역할에 대해 정확히 인식하는 것은 실제로 부모역할을 수행하면서 부딪히게 되는 예상치 못한 어려움에 효과적으로 대처하는 데 도움이 된다.

자녀의 잘못된 행동

재혼가족의 유형과 부모의 양육태도를 이해하고, 자녀의 발달단계에 따른 부모의 역할도 알게 되었지만, 자녀는 왜 여전히 잘못된 행동을 하고 있을까?

나는 새자녀의 어떤 행동을 잘못되었다고 보는가? 이를 해결하기 위해서는 이전 결혼에서의 부모–자녀관계와 새자녀의 부모로서 살아가야 하는 자신이 느끼는 부담감과 희망, 자녀에 대한 기대를 알아보고, 재혼가족 안에서 발생하는 자녀 문제의 원인이 어디에서 귀인하는지를 이해해야 한다. 자녀의 잘못된 행동의 원인을 아는 것은 새자녀를 이해하는 데 도움을 준다. 다음에서 자녀의 잘못된 행동의 원인과 대처 방법에 대해 알아보자.

소속감

"내가 '너는 돈 걱정 하지 말아라.' 그러면서 머리를 한 대 때렸어요. 그랬더니 화를 내는 거예요. 문을 열고 나가면서 ○○년이라고 욕을 하고 가는 거예요. 타일러도 소용이 없고…."

"나는 집에서 무슨 일이 일어나는지도 모르겠어요. 새엄마가 나하고는 얘기를 안 하거든요. 나도 관심 없어요. 집에도 일부러 늦게 들어오려고 친구네 집에 있다가 와요. 그래도 기분이 나쁘기는 하죠."

자녀는 기본적으로 소속감을 찾으려는 욕구를 가지고 있다. 그리고 이 욕구를 충족시키기 위해서 긍정적인 행동 또는 부정적인 행동을 하게 된다. 재혼가족의 자녀는 가족관계에서 매우 중요한 소속감이 흔들리고 정체성의 혼란을 느끼게 되므로 일반가정의 자녀보다 이로 인한 잘못된 행동이 드러날 확률이 높다. 따라서 부모는 자녀가 어떠한 방식으로 소속감을 찾으려고 하는지를 이해하는 것이 중요하다.

부모는 자녀가 부정적인 행동을 할 때 그들이 무엇을 원하는지를 파악하고, 자녀가 긍정적인 방법으로 원하는 것을 얻도록 지도하여야 한다.

부당한 관심 끌기

자녀의 긍정적 관심 끌기는 부모에게 기여하기, 협동하기의 모습으로 나타난다. 그러나 자녀의 부당한 관심 끌기의 모습은 불필요한 접촉, 성가신 행동, 무기력하고 게으름, 우스꽝스러운 행동으로 나타나며, 이는 부모를 짜증나게 하기도 한다.

• 부정적인 대화

부모: 네 방도 안 치우고, 씻지도 않고 언제까지 그러고 있을 거야?

자녀: 내가 치우든 말든 엄마/아빠가 무슨 상관이에요.

부모: 니가 뭘 잘했다고 큰 소리야! 그럴 거면 니 마음대로 해!

• 긍정적인 대화

부모: 네 방도 안 치우고, 씻지도 않고 왜 그러고 있니?

자녀: 내가 치우든 말든 엄마/아빠가 무슨 상관이에요.

부모: 네가 그러고 있으니까 엄마/아빠는 걱정이 되고, 마음이 불편하다. 혹시 내가 도와줄 게 있니?

자녀: 필요하면 얘기할게요. 지금은 괜찮아요.

부모: 그래, 그럼 도움이 필요하면 말해.

새자녀가 부당한 관심 끌기를 하면 부당한 행동 자체에 관심을 가지거나 비난하기보다는 부모가 여전히 자녀를 사랑하고 안정된 관계를 가지려고 하고 있음을 보여 주어 부모-자녀 관계에서 신뢰와 안정감을 가질 수 있도록 해야 한다.

힘의 과시

"어릴 때는 몰랐는데 점점 크면서 보니까 새엄마가 나를 차별한다는 생각이 들었어요. 매일 심부름도 나한테만 시키고… 이제 내가 사춘기잖아요. 그런데 내 기분이 어떤지 알려고도 안 해요. 그래서 점점 반항적이 되는 것 같아요. 지금은 집에서 새엄마하고는 말 한 마디 안 해요. 집에도 늦게 들어가요. 학원에 있다가 끝나면 친구들하고 어울리다가 최대한 늦게 집에 들어가요."

자녀가 부모에게 힘을 과시하면 부모는 화가 난다. 이때 부모가 맞서 싸우면 자녀도 반항하게 되지만, 부모가 양보하면 자녀의 힘겨루기는 멈추게 된다.

부모는 자녀와의 힘겨루기에 말려들기보다는 자녀의 욕구, 기대 등 원하는 것을 바르게 표현할 수 있는 기회를 주고, 자녀에게 상처를 주어 부모로서의 힘을 과시하기보다는 존중과 수용을 통해 모델링이 되어 주어야 한다.

앙갚음

"저는 자살도 생각해 봤어요. 엄마가 새아버지 편만 들고, 내 말은 안 들어주고 그럴 때는 매사가 우울하고 살기가 싫어요. 이럴 때 내 편을 들어줄 사람이 있으면 좋을 텐데… 우리 아버지는 복도 없지… 왜 그렇게 돌아가셨을까 싶어요. 이럴 바에는 확 죽어 버리고 싶어요."

자녀는 부모가 나에게 상처를 주었다고 생각하여 상처 줄 만한 행동과 말로 부모를 화나게 하기도 한다. 부모 또한 이를 자녀에게 돌려줌으로써 악순환이 반복된다면 자녀와 부모 모두 분노와 상처만 남게 된다.

자녀가 부모에게 앙갚음을 하면 부모는 당혹스럽고 두렵고, 재혼에 대한 후회감이 들 수 있다. 그러나 자녀의 앙갚음은 자기를 해치기 위한 것이 아니라 부모가 자신의 상처를 알아주기를 바라는 마음의 표현이다. 부모는 자녀의 앙갚음 행동에 대해 반응하기보다는 자녀의 마음에 초점을 두어 차분하고 따뜻한 태도와 긍정적인 자세로 자녀와의 관계 수립을 위한 기술과 대안을 마련해야 한다.

과도한 회피

> "새아빠가 공부 못하는 애들은 대학도 안 보내 준대요. 게다가 새아빠가 데리고 온 애들도 있는데 나를 대학에 보내 줄 거 같지 않고… 그래서 아예 공부하고는 담 쌓고 살아요."

재혼가족 자녀의 경우, 부모나 새부모의 기대에 대해 자신이 아무것도 할 수 없다고 느끼면 과도하게 회피하게 된다. 여기에서 과도한 회피란 자녀가 학업, 관계, 일상생활 또는 자기 자신까지 포기하는 것으로 표현된다. 자녀가 포기하면 부모 또한 포기하기가 쉽다. 자녀가 스스로를 매우 무력하게 느끼고 포기할 때 부모는 자녀의 특정 부분의 포기를 전부로 오해하여 자녀의 포기를 동의하게 됨으로써 자녀를 형편없는 존재로 믿게 된다. 그러나 부모가 포기하지 않는다면, 대부분의 자녀는 모든 것을 포기하지는 않는다.

부모는 자녀가 성공과 실패에 연연하지 말고 현재를 인정하게 도우며, 자녀의 존재 자체를 사랑한다는 것을 전해야 한다. 또한 자녀가 성공적으로 수행할 수 있는 일을 발견하도록 돕고 격려해야 한다.

활 동 가 이 드

〈활동지 3-2〉는 자녀의 문제행동에 대처할 새롭고 긍정적인 방법을 알아보는 활동입니다.

1. 내가 느끼기에 자녀가 잘못되었다고 인식하는 행동은 무엇인지 살펴보고, 그때 나의 감정과 대처 방법을 점검해 봅니다.

2. 자녀가 왜 잘못된 행동을 하게 되었는지 그 원인을 알아보고, 자녀가 그 행동을 하는 목적이 무엇인지 이해해 봅니다.

3. 자녀의 문제행동에 대해 지금까지의 대처 방법이 아닌 새로운 대안을 생각해 봅니다.

활동지 3-2   **애들은 도대체 왜 이러지?**

🏠 자녀의 잘못된 행동은 무엇이며, 그때 부모가 느끼는 감정과 대처 방법을 알아보고 새로운 대안을 적어 보세요.

자녀의 행동	
부모가 느끼는 감정	(예: 화가 난다, 짜증난다, 마음이 상한다, 무기력하다)
부모의 대처	
원인	(예: 부당한 관심 끌기, 반항, 앙갚음, 과도한 회피)
목적	(예: 접촉, 소속감, 힘, 보호, 물러서기)
대안	

상호 존중과 참여 · 선택

재혼가족에서 부모역할을 수행하는 효과적인 기술은 조정경기에서의 리더의 역할과 흡사하다. 리더와 참여자의 상호 신뢰가 필요하고, 서로 존중하며 의사결정 과정에도 함께 참여하는 것이 요구된다. 재혼가족에서 신뢰와 존중, 참여와 선택이 주어지지 않는다면 부모–자녀 간에 갈등이 생겨 잘못된 행동을 유발하게 된다. 재혼부모가 부모역할을 효과적으로 수행하기 위한 상호 존중과 참여 · 선택에 대해 알아보자.

상호 존중

서로를 존중하는 일은 재혼가족에서 특히 중요하다. '사랑'과 '신뢰'는 오랜 시간이 소요되는 것인데, 재혼가족은 서로에게 온전한 사랑과 신뢰가 형성되기 이전에 부모–자녀관계가 만들어진 것이므로 서로에게 유대관계를 형성할 시간과 효과적인 기술이 필요하다.

존중하는 마음을 가지고 자녀를 대한다는 것은 부모가 큰 소리치거나 위협하지 않고, 욕설하거나 비꼬지 않으며, 자녀를 무시하거나 함부로 대하지 않는다는 것을 의미한다.

- **얼른 사과하라**: 당신이 자녀나 새자녀에게 무례하게 행동하고 있다는 사실을 깨달았다면 자녀에게 얼른 사과하라.
- **먼저 존중해 주어라**: 갈등 상황에서도 다른 사람을 존중하도록 가르치려면, 먼저 부모가 자녀를 존중해 주어야 하며 자녀로부터 존중받아야 한다. 우리가 배우자나 성인, 전 배우자, 심지어 낯선 타인에게 보여 주는 존중하는 마음은 자녀에게 좋은 본보기가 된다. 상호 존중이 가족의 중요한 가치

가 될 때 자녀는 존경하는 습관을 저절로 체득하게 된다.

참여 · 선택

자녀의 나이에 적절한 선택과 책임감의 기준을 정해 주고, 자녀가 자신의 생활에 영향을 미치는 결정 사항에 참여하게 한다. 자녀에게 참여와 선택을 허용하는 것은 무조건 모든 것을 선택하라는 것을 의미하지 않는다.

자녀에게 선택의 자유를 주는 것은 그들의 힘을 북돋아 주는 것이며, 부모에게 반항할 필요성을 느끼지 않게 한다. 부모는 자녀의 성장에 따라 좀 더 자유로운 선택을 할 수 있게 한다.

가족에게 서로가 요구하고 기대하는 것이 무엇인지 알고, 자녀의 문제 행동이 부모에게 무엇을 요구하고 있는 것인지를 이해하고, 서로에게 어떤 가족이 될 수 있는지 살펴보고, 서로에게 가진 비현실적인 기대를 철회하고 현실적인 새부모의 역할을 책임감 있게 수행할 수 있도록 해야 된다. 나와 배우자는 서로의 자녀에게 친부모와 같은 역할을 할 수 없음을 이해하고, 처음 부모의 역할을 할 때와 지금의 감정의 차이를 탐색해서 실제 생활 속에서 부딪히는 문제를 해결하여 재혼가족 부모로서의 역할을 훌륭히 수행할 수 있도록 하자.

활 동 가 이 드

〈활동지 3-3〉은 상호 존중을 실천해 보는 활동입니다. 배우자와 자녀에게 직접 사과하고 사과받는 활동을 통하여 상호 존중의 필요성과 의미를 이해할 수 있습니다.

1. 내가 배우자와 자녀에게 사과하고 싶은 일과 사과받고 싶은 일이 있었다면 무엇인지 구체적인 상황을 살펴봅니다.

2. 내가 배우자와 자녀에게 사과한다면 어떤 말을 하고 싶은지, 사과받는다면 어떤 말을 듣고 싶은지 적어봅니다.

3. 배우자와 자녀에게 사과하고, 사과받는 활동을 실천해 본 후 느낌을 살펴보고 다음 장에서 나누어 봅니다.

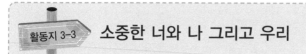

활동지 3-3 **소중한 너와 나 그리고 우리**

🏠 배우자와 자녀에게 사과하고 싶은 일과 사과받고 싶은 일을 적어 보세요.

사과하고 싶은 일	사과받고 싶은 일
하고 싶은 말	듣고 싶은 말
사과하고 난 후의 느낌	사과받고 난 후의 느낌

Small Big! 작지만 큰 변화

구분	내용
S 라포형성	• 친해지기 활동을 통해 느낀점은?
M 목표설정	• 지금까지의 나의 모습은?
I 현실점검	• 오늘 활동을 통해 새롭게 알게 된 것은?
N 대안탐색	• 오늘 활동을 통해 새롭게 실천할 부모로서의 나의 모습은?
D 실행계획	• 오늘 활동을 통해 새롭게 실천할 부모로서의 나의 모습은?

평가	이번 장에 대한 평가	낮음 ←——→ 높음
	✓ 통제형, 거부형 및 수용형 부모의 차이를 이해하였는가?	① ② ③ ④ ⑤
	✓ 자녀의 잘못된 행동에 대처할 긍정적인 방법을 찾을 수 있는가?	① ② ③ ④ ⑤
	✓ 상호 존중의 필요성과 의미를 이해하고, 실천하는 방법을 이해하였는가?	① ② ③ ④ ⑤

4장

서로 통해요

일 년 내내 화를 내는 소리나 공격적인 소리를 듣는 것은 결코 좋은 일이 아니다. 공격적인 말들은 늘 사람의 마음 깊은 곳을 쿡쿡 자극하는 잡음이 되어, 텔레비전 화면에 자막이 흐르듯이 마음 위를 달려 지나간다. 그것의 미미한 영향들이 쌓여 언젠가는 마음 깊이 새겨진다. 그리고 어느 순간 그 사람에게서도 공격적인 말들이 쏟아져 나온다.

– 코이케 류노스케(こいけりゅうのすけ), 『생각 버리기 연습』

재혼으로 발생되는 부정적인 감정을 잘 다룰수록 부부간 그리고 부모-자녀 간의 의사소통이 잘 이루어지며 갈등을 잘 해결하는 재혼가족은 행복한 생활을 할 수 있다. 이처럼 가족 간의 원활한 의사소통은 긍정적인 상호작용을 일으켜 갈등을 해결하고 재혼가족의 융합을 촉진할 수 있다.

그러나 두 가족이 함께 살아가는 재혼가족은 삶의 방식이나 습관, 사고방식이 달라 충돌할 가능성이 대단히 높으며, 복잡한 가족구조나 역할 갈등으로 인해 가족 간의 의견 차이를 수용하지 못하고 서로를 이해하지 못해 갈등을 겪는다. 또한 의사소통에 어려움이 있어 자신의 감정과 느낌을 솔직하게 표현하지 못하고 회피하거나, 말과 행동이 모순되는 메시지나 이중 메시지 등을 사용하게 되어 가족 간의 혼란을 일으킨다. 이러한 부적절한 의사소통은 가족의 정서적인 긴장과 갈등 상황으로 이어져 역기능적인 가족 형성의 원인이 될 수 있다.

행복한 재혼가족을 만들기 위한 의사소통에서는 가족 구성원이 서로의 말을 잘 듣고 반응하려고 노력해야 하며, 상대방의 이야기에 공감하고 격려하고 인정하며 긍정적으로 말해야 한다. 또한 대화를 할 때 자신의 감정과 느낌을 솔직하게 표현하는 것이 중요하다. 이러한 대화를 통해 재혼가족 구성원은 서로 밀접한 관계를 유지해 갈 수 있다.

부모는 재혼가족으로 살아가면서 배우자에게, 친자녀 및 새자녀에게 또는 주변 사람에게 받는 스트레스로 인해 감정이 늘 소용돌이치고 있을 것이다. 그리고 자녀들 또한 부모의 재혼으로 인한 분노와 상처, 실망감을 어떤 방법으로든 표현하게 되어 부모를 더욱 힘들게 한다. 재혼가족 구성원은 재혼생활이 주는 안락함과 안정감으로 행복감에 빠져 있는 시간도 많겠지만, 때때로 느끼는 답답함, 억울함, 분노 등의 부정적인 감정을 해결하지 못해 스스로를 탓하거나, 화가 나는 감정을 참지 못하고 마음에도 없는 말을 하거나, 애꿎은 대상에게 화풀이를 할 수도 있다.

의사소통을 잘하기 위해서 상대방이 말한 내용을 정확하게 파악하는 것도 중요하지만, 상대방이 사실을 지각한 것과 관련하여 느끼는 감정과 마음을 읽어 주는 것이 더욱 중요하다. 이처럼 상대방이 느끼는 감정을 이해하기 위해 귀를 기울여 주는 것은 상대방이 자기 감정을 억누르기보다는 그 감정을 인식하고 수용하도록 도와준다.

감정이 우리에게 미치는 영향

정서를 표현하는 것은 긍정적인 효과를 가져다 준다. 자신이 느끼는 기분, 정서 및 감정이 어떤 것인지를 명확히 알고, 자신의 느낌을 내면과 상황적 요구에 맞도록 적절히 표현하는 것은 개인의 생활을 심리적으로나 신체적으로 건강하게 한다.

감정이란 어떤 현상이나 사건을 접했을 때 마음에서 일어나는 느낌이나 기분을 말한다. 따라서 감정은 우리가 어떻게 말해야 하는지, 어떻게 행동해야 하는지, 무엇을 선택해야 하는지, 어디로 가야 하는지를 알려 주는 것이다. 감정에는 기쁨, 사랑, 즐거움 등의 긍정적인 감정과 슬픔, 놀람, 분노 등의 부정적인 감정이 있다.

기쁜 일이 있으면 기뻐하고 즐거워하는 것이 당연한 것처럼, 슬픈 일에는 슬퍼하고 화나는 일을 당하면 화가 나는 것이 정상이다. 그렇지 않으면 오히려 위험하다. 그러나 대부분의 사람들은 긍정적인 감정을 좋아하고 부정적인 감정을 싫어하며, 부정적인 감정의 표현을 어려워한다. 인간의 감정은 각기 다 중요한 것으로서 긍정적인 감정뿐만 아니라 부정적인 감정도 가치 있는 것이며, 당연히 삶의 일부로 받아들일 필요가 있다. 자신이나 타인에게 해를 끼치는 것이 아니라면 모든 감정을 수용해 주어야 한다.

자신의 감정을 이해하지 못하면 상대방의 감정을 이해하는 것은 더욱 어려운 일이다. 그러므로 자신의 감정을 알고 난 다음에 타인과 감정을 나누는 것이 중요하며, 자신의 감정을 상대방이 이해할 수 있도록 표현하는 것이 필요하다.

낮은 자존감, 열등감, 의사소통의 문제 등 다양한 심리적인 문제나 불안 요인을 가진 사람은 재혼 후 배우자나 자녀와의 관계에서 문제를 일으키게 되고 가족에게 영향을 미친다. 재혼 배우자와의 관계에서 나타난 문제는 원가족에서 받았던 마음의 상처가 치유되지 않아 발생한 것일 수 있다. 그러므로 재혼가족의 부모는 자신의 원가족과 이전 결혼 관계에서 받았던 심리적인 상처가 없었는지 돌아보는 것이 필요하다. 자신에게 심리적인 문제가 있음을 알게 되면 이를 개선할 수 있는 방법을 찾을 수 있다.

우리 가족의 감정 색깔

부모는 자신이 원했던 재혼이기에 새로운 인생을 다시 살 수 있다는 기대감에 행복해하겠지만, 자녀는 불안하고 상처받고 화가 날 수 있다는 것을 이해해야 한다. 자녀는 이사나 전학으로 친하게 지내던 친구들을 만나지 못하게 되고, 외동이었던 아이에게 갑자기 형제가 생기거나, 막내였던 아이가 맏이가 되는 등 가족 안에서 자신의 위치가 완전히 바뀌는 갑작스러운 변화에 상실감을 느끼게 된다.

변화에 익숙해진다는 것은 재혼가족 모두에게 결코 쉬운 일이 아니다. 갑작스러운 변화와 친숙한 사람들과의 이별로 상처받은 마음을 슬퍼하고 화를 낼 수 있게끔 충분한 시간을 가지며, 구성원 모두가 이런 슬픔에 대한 대화를 함께 나누는 것이 필요하다. 부모의 재혼으로 인한 변화와 이별 때문에 상처받고 슬퍼한다는 것을 이해를 받는다면 자녀의 마음은 훨씬 편안해지고 여유를 갖게 될 것이다.

그러면 우리는 자신의 감정을 잘 알고 상대방을 이해해 주는지 살펴보고, 배우자에 대한 나의 감정/(새)자녀에 대한 나의 감정을 찾아보며, 그러한 감정이 생긴 원인 그리고 나의 대처 방법은 무엇이 있는지 알아보자.

　가족들이 스스로의 감정을 잘 알고 있는지, 어떻게 표현하는지, 알지 못한다면 자신의 감정과 표현방법을 살펴보고, 그 자신의 감정을 상대방에게 정확하게 알리기 위해서는 어떻게 하는 것이 좋을지 생각해 본다.

감정카드 놀이

가족이 함께 하는 감정카드 놀이입니다.

- 감정카드 3장을 나누어 주고 감정 알아맞히기 놀이에 대해 설명해 줍니다. 카드를 받은 사람은 감정카드를 살펴본 뒤 '말을 하지 않고 표정과 행동으로만 설명하기' '어떨 때 느끼는 감정인지 말로 설명하기' '말, 행동, 표정을 모두 사용하여 자세하게 설명하기' 등 다양한 방법으로 다른 가족들이 감정을 알아맞히도록 합니다.

- 감정을 설명할 때의 느낌과 상대방이 자기가 설명하는 감정을 알아맞히지 못할 때의 느낌을 나눕니다.
  - 감정을 설명하는 동안 기분이 어땠나요?
  - 다른 가족들이 못 알아들을 때 마음이 어땠나요?

- 활동을 통해 자신의 감정을 알아봅니다.
  - 가족들이 내 감정을 잘 모른다고 느낀 적은 없었나요?
  - 그 이유는 뭘까요? 그럴 때는 어떻게 하나요?

- 감정카드를 보며 최근에 언제 그런 감정을 느꼈는지 이야기 나눕니다.

활 동 가 이 드

〈활동지 4-1〉은 우리 가족의 감정을 찾아보는 활동입니다.

1. 지난 일주일 동안 우리 가족의 감정이 어땠는지 생각해 보고 감정의 이름(화, 분노, 짜증, 기쁨, 즐거움, 행복, 당황, 지루함 등)을 적어 봅니다.

2. 감정의 변화가 있었다면 두 번째 칸에 다른 감정의 이름을 적어 보고, 변화가 없었다면 같은 이름을 적습니다.

3. 나는 상대방의 감정에 어떻게 대처하는가에 대해 생각해 봅니다.
   - 상대방의 부정적인 감정에 대해 나는 어떻게 대처하나요?
   - 상대방의 긍정적인 감정에 대해 나는 어떻게 대처하나요?
   - 가장 대처하기 어려운 감정은 무엇인가요?

4. 감정 변화의 원인(기대나 욕구의 충족, 상황의 변화, 문제의 해결 등)을 생각해 봅니다.

5. 내가 가족의 감정을 잘 알고 있는지, 우리 가족은 감정을 잘 표현하는지 등을 살펴봅니다.

활동지 4-1

우리 가족의 감정 색깔

🔺 우리 가족의 감정에 대해 적어 보세요.

대상	처음 감정	변화된 감정	나의 대처	감정의 변화 원인
배우자				
자녀 1				
자녀 2				
자녀 3				

분노 감정에 대처하기

분노는 인간에게 느껴지는 매우 강렬한 감정으로서 자신의 요구의 좌절에 대한 감정이다. 좌절감으로 인한 분노 감정은 우리를 매우 위협적으로 느끼게 하고 위험에 맞서 싸우게 한다. 분노 감정은 가끔 폭력을 동반하는데, 그 폭력은 일순간 조금의 효과를 보이게 하지만 인간관계에 매우 큰 상처를 남긴다. 재혼가족의 부모는 자신이 기대하는 가족의 모습, 배우자로서의 위치, 부모로서의 대우, 자녀의 태도에 좌절감을 느끼고 감정적인 대립을 가져와 서로에게 깊은 상처를 남기는 경우가 있다.

이를 예방하기 위해 배우자/(새)자녀에게 느끼는 부정적인 감정을 탐색해 보고 문제점을 찾아보자(3장의 〈활동지 3-2〉 '애들은 도대체 왜 이러지?'). 그리고 분노의 실상과 목적을 살펴보고 분노를 긍정적으로 사용하는 방법을 탐색해 보자.

- 분노에 긍정적 대처하기
  - 문제가 되는 상황을 분명하게 파악하라.
  - 반드시 나의 기대에 맞추어야 한다는 생각을 버려라.
  - 상황을 변화시키기 위해 다르게 행동하라.

- 자녀의 분노 처리를 도와줄 수 있는 방법 찾아 실천하기
  - 분노를 처리하는 좋은 본보기를 보여라.
  - 자녀의 분노를 꺾으려 하지 말고 인정하라.
  - 문제를 해결할 수 있는 새로운 방법을 함께 찾아라.

Tip

부정적 감정에 대처하는 방법

- 부정적인 감정을 느낄 경우 즉각적인 반응을 자제하고 잠시 멈춘다.
- 깊은 심호흡을 하면서 심신을 안정시킨다.
- 옳고 그름을 판단하지 말고 객관적인 태도로 상대방을 이해해 보도록 한다.

자녀와의 대화는 왜 중요한가

사람은 혼자서 살아갈 수 없다. 다른 사람들과 어울려 살아가는 삶 속에서 대화는 관계를 이루어 나가는 데 매우 중요한 도구다. 대화를 통해 정보뿐만 아니라 서로의 가치관을 주고받으며 다양한 감정을 나누기도 한다. 대화의 여부, 내용, 방식 등에 따라 타인과의 관계적 특성을 이해할 수 있다.

재혼가족에서의 부모-자녀 간 대화의 중요성은 모든 사람이 공감한다. 부모-자녀 간에 대화가 없고 혹 있다고 하더라도 부모가 자녀에게 일방적으로 말한다면, 서로 피상적이거나 부모중심의 관계가 될 것이다. 그러나 상호작용적인 대화는 부모와 자녀를 평등한 관계로 만든다. 이렇게 대화가 중요함에도 불구하고, 원활한 의사소통을 하는 것은 어렵다.

원활한 의사소통이 어려운 이유는 첫째, 의사소통기술을 배우지 못했거나 배웠다 하더라도 생활에서 적용하기 어렵기 때문이다. 둘째, 관계적 문제가 발생하면 문제를 해결하는 데 급급하다 보니 소통되지 않고 불통되는 상황이 계속 악순환하기 때문이다.

재혼가족의 일상생활에서 마주하는 사소한 어려움들을 말로 표현하고 대화로 해결하는 습관을 일찍 들일수록 심각한 문제에 대처하는 일도 수월해질 것이다. 가족 구성원에게 느낀 부정적인 감정, 일방적으로 타인 혹은 자기의 탓으로 돌리고 원망하거나 자책하던 것을 멈추고 감정과 문제의 주인을 정확하게 이해하며 문제와 감정의 소유가 누구인지에 따라 경청·공감·대처하기를 위해 심통심통(心痛心通) 대화법에 대해 알아보자.

마음이 통하는 심통심통 대화법이란

마음이 통하는 대화란 자신의 경험을 잘 표현할 수 있고 상대의 경험을 잘 이해할 수 있는 대화다. 대화는 주고받는 것으로서 나의 뜻만 전달하는 것이 아니라 상대방의 감정과 관심을 순간순간 확인하는 상호작용이다.

부모는 자녀를 양육하면서 많은 대화를 한다. 그런데 상당수의 부모들이 자녀와의 대화를 어려워한다. 자녀와의 대화가 어려운 이유는 부모가 하고자 하는 말을 제대로 전달하는 방법을 모르기 때문이다. 자녀와의 효율적인 대화 방법을 배웠더라도 막상 갈등이 생기면 배운 내용이 기억나지 않거나, 감정이 앞서 배운 것을 적용하기 어렵다. 하물며 재혼가족에서의 자녀와의 의사소통은 초혼가정의 부모-자녀 간의 의사소통보다 더욱 어려울 수밖에 없다.

그러나 심통심통(心痛心通) 대화법은 재혼가족에서 자녀에 대해 편견이나 판단, 가르침의 목적 없이 있는 그대로 들어줌으로써 마음의 아픔과 감정을 덜어주어 자녀가 부모의 말에 귀 기울일 수 있는 마음의 공간을 만들어 준다.

자녀의 대화 습관은 부모와의 생활 속에서 몸으로 배워 형성되는 것이다. 재혼가족의 자녀가 자신의 이야기를 스스럼없이 하기를 원한다면 부모도 자신의 이야기를 자녀에게 거리낌 없이 할 필요가 있다. 그러나 이런 과정은 저절로 되는 것이 아니라 적극적으로 노력하고 연습함으로써 가능하다.

부모-자녀 간의 마음과 마음을 온전히 전달할 수 있는 심통심통 대화법에 대해 자세히 알아보자.

〈표 4-1〉 심통심통 대화법

보고 듣기 (들어 주자, 덜어 주자)	• 있는 그대로 보고 듣기(반영하기와 인정하기). • 감정 덜어 주기(공감하기).
말하기 (마음을 담아 말해 보자)	• 마음을 나누는 말 • 가르침의 말 • 힘을 주는 말(칭찬과 격려)

출처: 천성문 외(2016).

심통심통 대화법: 보고 듣기

심통심통 대화법의 첫 번째 단계는 '보고 듣기'다. 보고 듣기를 먼저 배우는 이유는 무엇일까? 우리가 언어를 배울 때, 처음부터 소리를 내고 말을 하지는 못한다. 침묵의 시간 가운데 주변의 무수히 많은 소리를 반복하여 듣고 무엇을 말해야 할지를 배운다. 부모가 자녀와의 대화를 어렵게 느끼는 이유는 자녀의 말을 듣지 않은 채 부모의 말만 하기 때문이다. 보고 듣기는 경청의 의미로 활짝 연 귀와 진지한 눈빛으로 진심의 마음을 실어서 "당신의 말을 왕이 말씀하시는 것처럼 잘 듣겠습니다."라는 뜻을 의미한다.

부모가 자녀의 말을 있는 그대로 듣기 어려운 이유는 자녀의 마음이나 의견을 이해하기 위해 듣기보다 자녀를 가르치거나 변화시키기 위한 목적으로 듣기 때문이다. 이런 목적을 잠시 내려놓고 자녀의 말을 있는 그대로 들어주기만 해도 자녀와의 관계에 많은 변화가 일어날 수 있다.

있는 그대로 보고 듣기

있는 그대로 보고 듣기가 가능하려면 부모 자신의 생각과 감정을 내려놓고 집중하여 자녀의 메시지를 보고 들어야 한다.

우리는 오목거울로 비추는 것처럼 상대방의 말을 축소하거나 자르거나 생략할 수 있고, 또는 볼록거울로 보는 것처럼 말을 과장할 수도 있다. 그러나 이러한 거울과 같은 태도는 효과적인 대화를 위해 요구되는 정확성과 안전감을 제공해 주지 못한다. 그렇기 때문에 자녀의 말을 좋다/싫다 판단하거나, 고쳐 주려 하거나, 내 뜻대로 부연 설명을 붙이지 않고 그대로 보고 듣는 연습이 필요하다.

이렇게 말해 보세요

"엄마/아빠가 너의 말을 맞게 들었다면, 넌 _____라는 말이지? 엄마/아빠가 제대로 들었니?"

〈예시〉
아이: (외식을 하고 집으로 돌아와서 굳은 표정으로) 엄마한테는 내가 친딸이야? 아니면 언니가 친딸이야? 엄마는 매일 언니만 챙기고!

[평소 반응을 적어 보자]

엄마: _____

[있는 그대로 보고 듣기]

엄마: _____

[예시 반응]
엄마: 지금 네가 한 말은, 엄마가 매일 언니만 챙긴다는 거지? 엄마가 네 말을 제대로 들었니?

활 동 가 이 드

〈활동지 4-2〉는 있는 그대로 보고 듣는 것을 실습해 보는 활동입니다.

1. 두 사람씩 짝을 지어 말하는 사람과 듣는 사람을 정합니다.

2. 먼저 말하는 사람이 이번 주에 있었던 일 중에서 기억나는 사건과 감정에 대해 이 야기합니다. 이때 듣는 사람을 배려하여 간단하게 이야기하는 것이 좋습니다.

3. 듣는 사람은 말하는 사람의 이야기를 그대로 따라 말해 봅니다. (예: "제가 맞게 들었다면, ○○○라는 말이지요? 제가 제대로 들었나요?")

4. 역할을 바꿔서 진행해 봅니다.

5. 말하는 사람과 듣는 사람의 역할을 해 본 후, 어려운 점과 인상 깊은 점 등 느낌을 나누어 봅니다.

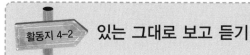

활동지 4-2 있는 그대로 보고 듣기

🏠 짝을 지어 '있는 그대로 보고 듣기'를 연습해 보세요.

1. 두 사람씩 짝을 지어 말하는 사람과 듣는 사람을 정합니다.
2. 말을 하는 사람은 이번 주 느꼈던 감정을 주제로 이야기를 시작합니다.
3. 듣는 사람은 말하는 사람의 이야기를 있는 그대로 따라 말하기를 해 봅니다.
4. 역할을 바꿔서 진행해 봅니다.
5. 서로의 느낌을 나누어 봅니다.

• 대화 주제:

• 있는 그대로 보고 듣기:

인정하기

의사소통에는 두 가지의 다른 관점이 존재할 수 있고, 각자의 입장과 생각이 다를 수 있음을 인정하는 것이 필요하다. 인정하기는 부모의 주관적 관점을 일시 정지하고 자녀의 경험을 마치 부모 자신의 경험처럼 느끼는 것을 의미한다. 만약 자녀의 메시지를 온전히 이해할 수 없다면 이에 대해 좀 더 자세히 말해 달라고 요청해야 한다.

부모는 자녀와 대화하면서 특히 그것이 부모 자신에게 부담스러운 말이라면 즉각 반응하기 시작한다. 이는 '오래된 뇌'가 작용을 하여 그 메시지에 반응(혹은 반발, 반박)하게 되기 때문이다. 부모가 평소 반응에서 벗어나, 있는 그대로 보고 들으면 자녀는 보다 편안하게 말할 수 있다.

이렇게 말해 보세요

"내가 너의 말을 좀 더 잘 이해할 수 있도록 도와줄 수 있겠니?"

〈예시〉
아이: (외식을 하고 집으로 돌아와서 굳은 표정으로) 엄마한테는 내가 친딸이야? 아니면 언니가 친딸이야? 엄마는 매일 언니만 챙기고.

[평소 반응]
엄마: 내가 언제 언니만 챙겼다고 그러니! 실컷 외식하고 돌아와서 그게 무슨 말이야?

[있는 그대로 보고 듣기]
엄마: 지금 네가 한 말은, 엄마가 매일 언니만 챙긴다는 거지? 엄마가 네 말을 제대로 들었니?

[질문하기]

엄마: 그렇게만 말하니까 네 마음을 잘 모르겠어. 엄마가 너의 말을 잘 이해할 수 있도록 조금 더 자세하게 이야기해 줄래?

아이: 아까 외식하러 가서 새언니한테만 뭐 먹고 싶은지 물어봤잖아요. 나도 먹고 싶은 게 있었는데… 나한테는 물어보지도 않고 언니가 먹고 싶은 걸로 시켰잖아요.

[인정하기]

엄마: 응. 이제 이해가 된다. 외식하러 가서 엄마가 너한테는 안 물어보고, 새언니한테만 뭐 먹고 싶은지 물어보고, 언니가 먹고 싶은 걸로 시켜서 너는 매일 언니만 챙긴다고 말했구나.

부모가 자녀와의 대화에서 충분히 이해하지 못한 부분을 질문하고, 이에 대해 자녀가 자신의 이야기를 보다 자세히 말할 수 있도록 해 준다. 이러한 과정을 통해 자녀는 부모가 자신의 말에 관심을 기울이고 있음을 느끼고, 부모가 자신의 말에 대해 수용하고 인정하는 과정을 통해 이해받는 경험을 한다.

감정 덜어 주기

감정 덜어 주기는 더 깊이 있게 듣기 위한 단계로서 자녀의 감정을 함께 느끼며 듣고 공감하는 단계다. 공감하여 듣기는 자녀가 경험하는 그 사건, 그 상황, 자녀가 염려하는 것을 자녀의 입장에서 느껴 보고 감정을 반영하는 과정이다.

자녀의 감정을 함께 느끼며 듣기 위해서는 무엇보다도 얼굴 표정에서 드러나는 다양한 감정의 표현들을 읽을 수 있어야 한다. 자녀의 감정을 이해하기 위해서는 부모의 입장에서 자녀의 행동에 초점을 맞춰 잘잘못을 판단하기보다 자녀의 입장과 감정을 살펴보려는 노력이 필요하다. 부모는 자녀가 강한 감정을 표현하는 순간을 포착하여 자녀가 자신의 감정과 대화 내용을 연결할 수 있도록 돕는다. 이러한 부모의 도움은 자녀의 스트레스를 낮추고, 대화를 나눌 수 있는 마음의 공간을 만들어 주어 자녀가 자신의 감정을 스스로 표현할 수 있도록 한다.

부모는 자녀에 대한 자기 기준과 기대를 가지고 있기 때문에 자녀의 감정을 있는 그대로 반영하기란 쉬운 일이 아니다. 자녀가 "속상한 것은 아니에요."라고 말한다면 부모는 그 대답에 대해 다시 비추어 주면 된다. 또한 자녀의 감정 반영은 수수께끼 게임처럼 맞히는 것이 아니므로 자녀의 감정을 알아차리기 어려울 때는 "기분이 어떠니?" 등과 같은 질문을 하는 것이 필요하다. 이러한 과정을 통해서 부모는 자녀의 감정을 단정 짓지 말고, 자녀가 스스로 자신의 감정을 살펴볼 수 있도록 도와야 한다.

이처럼 부모는 자녀가 하는 이야기의 내용뿐만 아니라 자녀의 감정까지도 들어 주고 덜어 줘야 한다. 처음에는 부모와 자녀 모두 감정을 반영하고 표현하는 것이 어려울 수 있다. 그러나 부모가 자녀의 감정을 읽어 주고 자기 편이 되었다고 생각할 때, 자녀는 안정감을 느끼고 더 솔직하게 감정을 표현할 수 있다.

이렇게 말해 보세요

"엄마(아빠)가 _____ 했을 때 네가 _____ 느꼈을 것 같아."
"너의 기분이 _____ 했을 거라고 느껴지는 구나."

〈예시〉
아이: (외식을 하고 집으로 돌아와서 굳은 표정으로) 엄마한테는 내가 친딸이야? 아니면 언니가 친딸이야? 엄마는 매일 언니만 챙기고.

[평소 반응]
엄마: 내가 언제 언니만 챙겼다고 그러니! 실컷 외식하고 돌아와서 그게 무슨 말이야?

[있는 그대로 보고 듣기]

엄마: 지금 네가 한 말은, 엄마가 매일 언니만 챙긴다는 거지? 엄마가 네 말을 제대
로 들었니?

[질문하기]

엄마: 그렇게만 말하니까 네 마음을 잘 모르겠어. 엄마가 너의 말을 잘 이해할 수
있도록 조금 더 자세하게 이야기해 줄래?

아이: 아까 외식하러 가서 새언니한테만 뭐 먹고 싶은지 물어봤잖아요. 나도 먹
고 싶은 게 있었는데… 나한테는 물어보지도 않고 언니가 먹고 싶은 걸로
시켰잖아요.

[인정하기]

엄마: 응, 이제 이해가 된다. 외식하러 가서 엄마가 너한테는 안 물어보고, 새언
니한테만 뭐 먹고 싶은지 물어보고, 언니가 먹고 싶은 걸로 시켜서 너는 매
일 언니만 챙긴다고 말했구나.

[감정 덜어 주기]

아이: 네. 엄마가 언니한테만 다정하게 뭐 먹고 싶은지 물어보니까 이제는 같이
밥도 먹기 싫었어요.

엄마: 그랬구나. 엄마가 새언니한테만 다정하게 뭐 먹고 싶은지 물어봐서 같이 밥도 먹기
싫을 만큼 속상했구나.

아이: 네. 엄마가 언니만 챙겨서 너무 서운하고 속상했어요.

활 동 가 이 드

〈활동지 4-3〉은 자녀와의 관계에서 심통심통 대화법을 실습해 보는 활동입니다.

1. 두 사람씩 짝을 지어 말하는 사람과 듣는 사람을 정합니다.

2. 먼저 말하는 사람은 최근에 자녀와 있었던 갈등 상황을 주제로 이야기를 시작합니다. 이때 듣는 사람을 배려해서 간단하게 말하는 것이 좋습니다.

3. 듣는 사람은 말하는 사람의 이야기를 있는 그대로 따라 말하고, 충분히 이해가 되지 않는 부분은 질문하기를 해 봅니다. (예: "제가 당신의 말을 잘 이해할 수 있도록 조금 더 자세히 이야기해 주시겠어요?")

4. 듣는 사람은 말하는 사람의 이야기가 충분히 이해되었다면 인정하고, 감정 덜어 주기를 해 봅니다. (예: "당신이 이해가 돼요. 당신이 ○○했군요. 그래서 당신의 기분이 ○○했을 거라고 느껴져요.")

5. 말하는 사람과 듣는 사람의 역할을 바꿔서 진행해 봅니다.

6. 말하는 사람과 듣는 사람의 역할을 경험해 본 후 느낌을 나누어 봅니다.

활동지 4-3 · 감정 덜어 주기

앞서 제시한 예시 반응을 참고로 이번 주 자녀와의 관계에서 있었던 일을 주제로 심통심통 대화법을 연습해 보세요.

1. 두 사람씩 짝을 지어 말하는 사람과 듣는 사람을 정합니다.
2. 말을 하는 사람은 자녀와의 관계에서 있었던 일을 주제로 이야기를 시작합니다.
3. 듣는 사람은 말하는 사람의 이야기를 있는 그대로 따라 말하고, 질문하고, 인정하고, 감정 덜어 주기를 해 봅니다.
4. 역할을 바꿔서 진행해 봅니다.
5. 서로의 느낌을 나누어 봅니다.

• 대화 주제:

• 있는 그대로 보고 듣기:

• 질문하기:

• 인정하기:

• 감정 덜어 주기:

심통심통 대화법: 말하기

자녀의 말을 충분히 들어 주고 감정을 덜어 주면, 자녀 또한 부모의 말을 들을 마음의 공간이 준비된다. 앞서 말했듯이 의사소통, 즉 대화는 어느 한쪽의 일방통행으로는 한계가 있다. 아무리 자녀의 말을 잘 듣고 이해한다고 해도 부모가 자신의 마음을 제대로 표현하지 못한다면 자녀는 혼란을 겪을 수밖에 없다. 또한 자녀의 말을 들어 줄 때, 아무리 공감하려 해도 부모가 제대로 된 감정을 인식하지 못한다면 그것은 진정한 의미에서의 공감이라고 보기 어렵다. 자녀의 감정을 읽어 주려면 부모 자신이 먼저 다양한 감정을 인식하고 표현하는 연습이 필요하다.

활동 가이드

〈활동지 4-4〉는 다양한 감정을 표현하는 단어에 대해 생각해 보고 감정표정을 통해 어떤 상황에서 이런 감정을 느끼게 되는지 살펴보는 활동입니다.

1. 내가 알고 있는 감정을 표현하는 단어를 떠올려 보고, 최대한 많이 적어봅니다.
   - 욕구가 충족되었을 때 감정: 기쁜, 뿌듯한, 다행스러운, 안도하는, 편안한, 즐거운, 만족한, 느긋한, 상쾌한
   - 욕구가 충족되지 않았을 때 감정: 슬픈, 두려운, 불안한, 화나는, 짜증스러운, 창피한, 괴로운, 힘든, 피곤한

2. 그림의 다양한 표정을 보고, 지금 나의 기분과 가장 알맞은 표정을 골라 봅니다. 그 기분을 단어로 표현해 보고, 그 감정을 느끼는 이유를 살펴봅니다.

활동지 4-4   내 마음이 들리니?

🏠 감정을 나타내는 표현(단어)들을 생각나는 대로 최대한 많이 적어 보세요.

🏠 그림의 다양한 표정들을 보고, 현재 나의 기분에 가장 잘 맞는 표정을 골라 본 후 그 이유에
대해 이야기 나눠 보세요.

활동을 통해 어떤 것들을 느끼게 되었는가? 감정을 느끼고 표현하는 것이 예상보다 쉽지 않음을 알 수 있다. 처음에는 다소 어렵게 느껴지겠지만, 연습을 통해 부모가 느끼는 감정과 그 속에 담겨 있는 욕구(바람)를 살피고 표현할 수 있다. 부모가 자신의 욕구(바람)를 이해하여 자녀에게 부모 자신의 의사를 건강하게 말하는 방법에 대해 살펴보자.

마음을 나누는 말

부모가 자녀의 말을 듣고 반영, 인정 및 공감해 주는 것이 중요하지만, 앞서 언급하였듯이 부모 자신의 감정을 제대로 인식하고, 그 밑바탕에 있는 욕구(바람)를 제대로 자녀에게 전달하는 것 또한 중요하다. 그러기 위해서는 부모 자신의 느낌과 그 속에 담긴 욕구(바람)를 이해하는 '자기 공감'이 필요하다. 자기 공감이란 다양한 상황과 여건 속에서 스스로를 받아들이고 자신의 느낌과 욕구를 알아차리는 것이라 할 수 있다. 부모가 자신의 욕구를 이해하고 인정하면, 그 속에서 진정으로 원하는 것을 얻는 데 도움을 받을 수 있다.

부모는 앞선 활동들을 통해 자신이 느끼는 감정의 근원에는 과거의 다양한 기억과 경험들이 있다는 사실을 알게 될 것이다. 어떤 상황에 필요 이상으로 민감하게 반응한다면 부모 자신도 모르는 감정 속의 감정이 있을 가능성이 있다. 자신의 다양한 감정에 대해 기억나는 단서들을 떠올려 보고 찾아보는 것도 감정을 표현하는 데 도움이 될 것이다. 감정 속의 감정은 무의식중에 나타나기 때문에 이를 이해하려는 노력 없이는 찾기가 어렵다.

자녀와의 대화 혹은 행동에서 부모 자신의 숨겨진 진짜 감정과 욕구(바람)를 알아차린다면, 자녀를 탓하거나 벌하지 않고 제대로 의사표현을 할 수 있다. 또한 모든 문제를 해결할 수는 없지만, 자녀와의 관계 속에서 방법을 찾지 못할 때 상황을 받아들일 수 있도록 도움을 주어 자녀와의 신뢰와 유대감을 향상시킬 수 있다.

'마음을 나누는 말' 이렇게 말해요

"네 말을 듣고 보니 엄마(아빠)는 _____(감정)_____ 한 마음이 들어.
그건 _____(욕구, 기대)_____ 한 이유 때문이야."

1. 자기 공감을 통하여 내가 자녀에게 원하는 것이 무엇인지 생각해 본다.
2. 자녀의 행동과 상황, 그에 따른 영향과 결과를 구체적으로 말한다.
3. 그로 인해 내 안에 느껴지는 감정을 솔직하게 말한다(내 마음을 전달한 후에 다시 자녀의 말에 귀를 기울인다).
4. 내가 진정으로 원하는 것이 무엇이었는지, 자녀가 해 주기 바라는 것을 긍정적으로 그리고 의문형으로 부탁한다(강요나 명령과는 구별된다).

〈예시〉
자녀가 아빠에게 친구 만나러 간다고 하고 친엄마를 만나러 갔다가 집에 들어온 상황

[자기 공감]
–나의 감정: 화가 난다. 왜냐하면 친엄마를 만나러 가면서 친구 만나러 간다고 거짓말을 했기 때문이다. 또한 왜 거짓말을 했을까 궁금하고 걱정스럽기도 하다.
–나의 욕구: 나는 아이가 친엄마가 보고 싶을 때 솔직하게 말했으면 좋겠다.

"아빠는 네가 친구 만나러 간다고 해서 그런 줄 알았는데, 엄마를 만났다는 걸 알고 깜짝 놀랐어. 그리고 네가 거짓말을 해서 화가 나기도 하고, 왜 거짓말을 했을까 궁금하고 걱정도 했어. 엄마가 보고 싶을 때 아빠한테 솔직하게 말해 줄 수 있겠니?"

가르침의 말

재혼가족 부모는 자녀와 대화를 할 때, 자신의 솔직한 마음을 표현할 뿐 아니라 자녀에게 바른 생활습관, 사회적 규범과 품성 등을 가르쳐 줄 필요가 있다. 부모가 자녀에게 잔소리나 강요가 아닌 건강한 가르침의 말하기가 필요한 영역은 〈표 4-2〉와 같다

〈표 4-2〉 가르침의 말하기가 필요한 영역

구분	생활습관	사회적 규범	품성
주요 덕목	• 약속 지키기 • 용돈관리 • 정리정돈 • 자기물건 챙기기 • 위생 • 청결	• 예절 • 질서 • 공정 • 봉사 • 준법 • 신의 • 효/경로	• 용기 • 자아존중감 • 상호존중 • 책임감 • 협동심

자녀에게 바른 생활습관, 사회적 규범과 품성을 가르치기 위한 가르침의 대화를 할 때에는 자녀에게 가까이 다가가 부드러우면서도 단호하고 진지한 표정, 눈빛, 음성으로 말한다. 또한 부모는 자녀의 눈을 마주 보면서 자녀에게 바른 행동을 간결하고 명확하게 그리고 직접적으로 말해야 한다.

'가르침의 말' 이렇게 말해요

- (새)자녀의 행동을 규제할 필요가 있을 때는 자녀에게 기대하는 행동을 구체적으로 표현한다.
- (새)자녀의 행동 변화를 요구하는 동일한 말을 거듭 되풀이 하거나 애걸하지 않는다.
- (새)자녀의 즉각적인 행동의 변화를 위해 수를 세거나 빈 협박을 하지 않는다.
- (새)자녀에게 진심으로 의도하지 않은 결과나 현실적으로 실행 불가능한 행동을 요구하기 보다는 자녀가 해야 하고 할 수 있는 행동을 말한다.
- 부모−자녀 간에 서로 약속 또는 합의한 사항에 대해서는 회유적인 표현을 하지 말고 분명하고 단호하게 요구한다.

〈예시〉
자녀가 학교에 다녀온 후 자신의 물건을 제자리에 정리하지 않은 경우

[꾸중과 비난]
엄마: 이게 뭐야? 방이 쓰레기장이네. 너 여기서도 살아지니?
아이: 내 방인데 뭐 어때서요?
엄마: 뭐, 네 방이라고? 엄마가 뭐라고 했어? 학교 갔다 오면 최소한 물건은 제자리에 두라고 했지?
아이: 엄마는 항상 이런 식이야.
엄마: 엄마 말이 말 같지 않아? 너 자꾸 이러면 내가 쓰레기통에 다 버릴 거야. 지금 당장 못 치워? 셋 할 때까지 치워! 하나, 둘, 셋!

[단호하지 못하고 불명확한 의사전달]
엄마: 방 언제 치울거야?
아이: 조금 있다가요.
엄마: 그래 알았어. 네가 알아서 할 거지?
아이: 네, 제가 알아서 할게요.

> 엄마: 에휴… 아직도 안 치웠네. 내가 이 집 파출부지 뭐. 누가 도와주는 사람
> 이 있나 다 내 일이지.
>
> [단호하고 분명한 의사전달]
> 엄마: 지수야, 네 가방과 겉옷이 바닥에 그대로 있네. 학교에 다녀오면 물건
> 은 제자리에 놓기로 함께 약속을 정했잖아. 가방과 겉옷부터 제자리에
> 두자.
> 아이: 엄마, 이 게임만 끝나고 할게요. 30분만요.
> 엄마: 그럼 그 게임이 끝나면 꼭 하자. 30분 후에 엄마가 다시 와 볼게.
> —30분 후 정리가 됐을 경우
> 엄마: 가방과 겉옷을 제자리에 잘 정리했구나. 우리 지수는 약속을 잘 지키
> 네.
> —30분 후 정리가 되지 않았을 경우
> 엄마: 지수야 아직도 가방과 겉옷이 바닥에 있네.
> 아이: 벌써 30분이 지난 줄 몰랐어요. 아직 게임이 안 끝났어요. 잠시만요.
> 엄마: 지수야, 우리 약속했잖아. 지금 당장 제자리에 놓자. (단호하게)
> 아이: 네. (물건을 제자리에 정리한다.)

부모의 가르치는 말은 자녀의 연령이 낮을 때는 수용될 가능성이 높지만, 자녀의 연령이 높아질수록 자녀의 상황과 형평을 고려하지 않은 일방적인 명령은 반발심만을 낳는다. 자녀의 행동을 변화시키기 위해서는 (새)부모-(새)자녀 간의 친밀한 관계 속에서 (새)부모의 가르치는 말을 자연스럽게 전달해야 한다.

뿐만 아니라 (새)자녀의 긍정적인 부분에 대한 칭찬과 격려도 중요하다. (새)부모가 해 주는 칭찬과 격려를 통해 (새)자녀는 자신의 가치를 중요하게 생각하고 자신에 대해 신뢰를 갖게 된다.

하지만 지나친 칭찬은 해가 될 수 있다. 힘이 되는 칭찬은 다음과 같다.

'칭찬하기' 이렇게 말해요

- 칭찬할 행동에 초점을 맞추어 구체적으로 표현한다.
- 칭찬받을 분명한 이유가 있을 때는 결과가 나쁘더라도 과정에 대해서 칭찬한다.
- 칭찬은 수단이 아니라 목적이어야 한다. 부모가 원하는 행동을 유발하기 위한 칭찬이 아니라 자녀의 행동과 과정 자체에 대해 칭찬해야 한다.
- 칭찬과 꾸중을 함께 하지 않아야 한다. 칭찬과 꾸중을 동시에 했을 때 자녀가 칭찬과 꾸중 중 어디에 더 초점을 둘지 갈등하게 되므로 칭찬할 때는 칭찬하고, 혼낼 때는 혼내야 한다.
- 자녀에게 칭찬을 지나치게 아끼지 않아야 한다. 부모는 칭찬할 일이 있어도 자녀가 버릇이 나빠지거나, 나태해질까봐 칭찬을 아낀다. 칭찬을 너무 아끼게 되면 자녀는 스스로의 가치를 낮게 평가할 수 있다.

힘을 주는 또 다른 말로 격려하기를 사용하는 것이 좋다. 과정에 초점을 두는 격려하기는 자녀가 실패했을 때에도 부모의 격려를 통해 스스로 긍정적인 가치를 갖게 된다.

격려하기

격려하다(en-courage)는 '용기를 불러일으킨다'라는 뜻이다. 실패했을 때에 격려해 주면 스스로 긍정적인 가치를 갖게 된다. 식물에게 물이 필요하듯이, 자녀에게는 격려가 필요하다. 재혼가족 안에서 격려하는 분위기가 형성되면, 여러 가지 어려움을 헤쳐 나가는 데 도움을 줄 수 있다. 또한 당신과 배우자, (새)자녀에게 용기, 자기존중감, 책임감, 신뢰감, 협동심 등 긍정적인 품성을 기르기 위해서도 격려의 힘이 필요하다.

재혼가족이 위기에 봉착하면, 그 문제 때문에 포기하지 말고 새로운 변화를 시도할 수 있도록 격려하라. 격려로 인해 재혼가정은 점점 더 단단해진다고 느끼게 될 것이다. 만약 어려움이 닥쳐 퇴보나 차질이 생기더라도 격려를 받으면 그것을 실패라고 생각하지 않고 상황을 받아들인 후 다시 용기를 내어 성공을 향해 나아갈 수 있을 것이다. 격려의 방법은 다음과 같다.

- 자녀를 격려할 순간을 포착하라.
- 기를 꺾는 것을 피하라.
- 독립심을 자극하라.
- 강점을 살려 주라.
- 신뢰를 보여 주라.
- 현실적인 기대를 하라.

Tip	**'격려하기'** 이렇게 말해요

- 실수보다는 노력한 과정을 지지해 주어 자녀와 배우자에 대한 신뢰를 표현한다.
- 행동의 긍정적인 면을 구체적으로 알려 준다.
- 성취하도록 요구하기보다는 노력과 향상을 인정한다.
- 누구와 비교해서 잘했다는 표현보다는 자녀 행동의 결과가 조금씩 나아지고 있음을 알려 준다.
- 실패했을지라도 한 단계씩 나아가고 있음을 알리고, 실패도 경험으로 받아들일 수 있도록 도와준다.
- 위로의 거짓 칭찬보다는 있는 그대로의 장단점을 보게 한다.

활 동 가 이 드

〈활동지 4-5〉와 〈활동지 4-6〉은 자녀와의 관계에서 마음을 나누는 말을 실천해 보는 활동입니다.

1. 최근에 자녀와 있었던 갈등을 떠올려 보고, 어떤 상황이었으며 자녀는 어떤 행동을 했는지 생각해 봅니다.

2. 자녀의 행동이 나에게 어떤 영향을 미쳤으며 그 결과는 어땠는지 떠올려 봅니다.

3. 그때 내가 느꼈던 기분과 감정을 표현해 보고, 어떤 생각이 들었는지 살펴봅니다.

4. 그 상황에서 내가 자녀에게 바라고 기대했던 것은 무엇인지 생각해 봅니다.

5. 〈활동지 4-6〉을 통해 자녀와의 관계에서 심통심통 대화법을 실천해 보고 다음 장에서 확인해 봅니다.

활동지 4-5 **마음을 나누는 말**

최근 자녀와 있었던 갈등을 주제로 말하기를 연습해 보세요.

• 대화 주제

• 자녀의 행동과 상황

• 자녀의 행동이 나에게 미친 영향과 결과

• 나의 느낌, 감정, 생각

• 나의 욕구(바람)

활동지 4-6 **심통심통 대화법**

⟨과제⟩

🏠 한주간 자녀와의 대화 중 심통심통 대화법을 활용한 경험을 기록해 보세요.

• 대화 주제:

• 자녀의 행동과 상황:

• 자녀의 행동이 나에게 미친 영향과 결과:

• 나의 느낌, 기분, 감정, 생각:

• 나의 욕구(바람):

• 소감나누기
  심통심통 대화법을 사용한 후 이전과 달라진 점을 찾아 보세요.

과거	현재

활동지 4-7 **Small Big! 작지만 큰 변화**

구분	내용
S 라포형성	• 친해지기 활동을 통해 느낀 점은?
M 목표설정	• 이 회기를 통해 내가 부모로서 세운 목표는?
I 현실점검	• 지금까지의 나의 모습은?
N 대안탐색	• 오늘 활동을 통해 새롭게 알게 된 것은?
D 실행계획	• 오늘 활동을 통해 새롭게 실천할 부모로서의 나의 모습은?

평가	이번 장에 대한 평가	낮음 ◀──▶ 높음
	✔ 자녀의 마음을 있는 그대로 들어주는 방법을 알게 되었는가?	① ② ③ ④ ⑤
	✔ 나의 감정과 기대(욕구)를 표현하는 방법을 알게 되었는가?	① ② ③ ④ ⑤
	✔ 심통심통 대화법을 익히고 실습하였는가?	① ② ③ ④ ⑤

5장

우리는 가족

한 발 물러서서 어떤 생각에도 다른 생각으로 동조하거나 저항해서는 안 된다. 그리고 쓸
모없는 부정적인 생각의 그물에 다시 걸려들 때는 한 발 물러서서 이런 상태를 가만히 지켜
본다. 그러면 제 아무리 끈적끈적하게 둘러붙어 있던 생각이라도 곧 떨어져 나가고 만다.
– 가이 핀리(Guy Finley), 『내려놓고 행복하라』

재혼은 새로운 가족의 탄생이다. 그리고 두 가족이 통합하는 이 과정에서 갈등은 존재할 수밖에 없다. 가족 내의 갈등은 재혼가족에만 있는 것이 아니라 어느 가족 형태에서나 존재하기 때문에 보편적이라 할 수 있다. 갈등은 가족생활에서 영원히 끝나지 않는 문제이기 때문에 적절하게 대처하는 것이 필요하다. 따라서 성공적인 재혼가족을 만들기 위해서는 상당한 시간과 인내심이 요구되며, 잘 해낼 수 있다는 긍정적이 사고가 필요하다. 재혼생활에서 경험하게 되는 복잡한 문제들은 사랑 하나만 가지고 해결할 수는 없다. 화목한 가정을 만들기 위해서는 우리 가족이 가지고 있는 갈등에 대해 바로 볼 수 있어야 하고, 복잡한 문제에 대처하는 기술을 보유해야 하며, 재혼가족 구성원이 서로 이해하고 협력해야 한다.

우리의 아킬레스건

가족이란 저절로 형성되는 것이 아니다. 가족은 추억과 함께 형성되는데, 이처럼 즐거움을 같이 느끼며 함께 공유할 수 있는 추억이 존재한다는 것은 매우 중요하다. 서로 다른 구성원이 가족을 이루고 살기 때문에 함께 살아가는 동안에 삶이 흔들리게 된다면 서로에게 큰 상처가 될 수 있다. 그렇다면 우리 가족에게 가장 큰 상처는 무엇인가?

- 내가 재혼가족과의 생활에서 가장 힘들어하는 부분(생활, 대상, 감정 등)은 무엇인가?
- 배우자가 재혼가족과의 생활에서 가장 힘들어하는 부분은 무엇인가?
- (새)자녀가 재혼가족과의 생활에서 가장 힘들어하는 부분(생활, 대상, 감정 등)은 무엇인가?

• 나는 이것에 대해 어디까지 이해하고 수용하고 있는가?

• 가족들은 나를 어디까지 이해하고 수용하고 있는가?

  우리 가족에 대한 나의 이해도를 점검하고, 수용할 수 있는 부분과 수용하기 어려운 부분의 한계를 지어 보자.

활동 가이드

  〈활동지 5-1〉은 우리 가족 구성원 각각의 아킬레스건(가장 아픈 곳)이 무엇인지 살펴보고, 가족 구성원의 아킬레스건에 대한 나의 수용정도와 한계를 이해해 보는 활동입니다.

1. 가족 안에서 발생하는 일 중에 우리 가족 구성원이 가장 힘들어하는 일은 무엇인지 생각해 봅니다.

2. 가족 구성원이 힘들어하는 일 중에서 내가 수용할 수 있는 것과 수용이 힘든 것을 구분해 봅니다.

3. 가족 구성원이 힘들어하는 일 중에서 상대방이 수용할 수 있을 것이라 생각되는 것과 수용하기 힘들 것이라 생각되는 것을 구분해서 적어 봅니다.

활동지 5-1   우리의 아킬레스건

🏠 우리 가족이 힘들어하는 것에 대해 적어 보세요.

대상	가족 안에서 가장 힘들어하는 것	수용 가능	수용 불가능
나			
배우자			
자녀 1			
자녀 2			
자녀 3			

재혼가족 부모-자녀의 갈등

재혼가족의 부모는 자녀의 문제에 대해 어느 정도로 관여하는 것이 적절한지를 두고 의견 차이가 발생하면 갈등이 생겨나고, 이로 인해 서로는 스트레스를 받게 된다. 재혼가족에서는 부모와 자녀 모두가 새로운 역할과 규칙 및 전통을 만들어 가는 가족 재구조화 과정을 거치는 동안 가족 간의 갈등이 초혼가족보다 더 많이 발생할 수 있다.

자녀훈육에 있어서 초혼가족에서 사용하는 많은 방법이 재혼가족에서도 유용하지만 반드시 그렇다고 말할 수 없으며, 예를 들어 권위 있는 부모의 양육방식이 오히려 재혼가족의 자녀에게 분노와 저항감을 유도할 수 있다. 또한 재혼가족에서는 친부모와 새부모 중 누가 자녀의 생활지도와 훈육을 담당해야 하는지 역할분담이 확실하지 않기 때문에 더욱 갈등과 혼란이 발생한다. 이러한 갈등과 혼란의 배경이 되는 요인들을 살펴보면 다음과 같다.

친밀감이 부족한 재혼가족의 부모-자녀

"아이 엄마가 아이들을 자꾸 불러내고, 아이들도 새엄마라고 내 말을 무시해요."

재혼가족의 부모가 된 지 얼마 안 되었다면, 아직은 자녀와 상호 존중, 신뢰감 및 유대감을 발전시키지 못했을 가능성이 높다. 하지만 부모의 노력에 따라 상호 존중, 신뢰감 및 유대감이 형성될 수 있다.

재혼가족의 부모는 갈등이 해결될 때까지 많은 시간과 노력이 필요하므로 인내를 가지고 자녀에게 관심을 가지고 잘 보살펴 주어 신뢰감을 형성해야 한다.

서로 다른 훈육방식

> "아이가 조금만 잘못해도 원칙을 따지고, 자기 방식대로 아이들을 야단치는 남편 때문에 화가 나요."

　재혼한 부부는 자녀양육 방식이 다르고 훈육하는 면에서도 서로 의견이 다르다. 재혼가족의 부모가 이전 가족에서의 훈육방식을 적용하려고 하면 새자녀와 갈등을 겪을 수 있다. 부부가 연합하여 통일된 훈육방식으로 자녀와의 갈등에 대처하지 않는다면 자녀는 두 사람 중 어느 쪽 부모의 말에 따라야 할지 몰라 힘들어하게 된다. 부모는 통일된 입장에서 자녀의 잘잘못에 한목소리를 내는 것이 필요하다. 친부모–자녀관계에서도 부모의 가치관과 정서가 일치하지 않으면 그것을 이용하는 아이들이 있는 것처럼, 재혼가족 자녀 역시 자기 마음대로 행동하기 위해서 부모 간의 의견 차이를 이용할 수도 있다.

　아무리 부부의 자녀교육 방침이 일치한다고 해도, 연구 결과(김미옥, 2014)에 따르면 새부모가 친부모와 동등한 입장에서 새자녀를 혼낼 수 있게 되기까지는 자녀의 연령에 따라 다르겠지만 평균적으로 1년 6개월에서 2년은 걸린다고 한다. 이 시간은 재혼가족의 부모와 자녀가 서로 마음을 열고 애정을 확인하는 데 필요한 시간이라 할 수 있다.

충성심의 갈등

> "아이가 같이 살지도 않는 친아빠만 찾고, 새아빠라고 부르라고 해도 아저씨라 부르고, 늘 대들기만 해요. 아이의 마음은 이해는 하지만 자꾸 남편 눈치를 보게 돼요."

> "아이들이 하도 속을 썩이고, 학교 담임선생님한테서도 전화가 한두 번 온 게 아니에요. 내가 '왜 그러니?' 그러면 자기 엄마가 불쌍하다는 거예요. 아이의 친엄마는

이미 돌아가셨는데도… 자기 엄마가 살아 있을 때는 아버지가 엄마 구박만 했다고 하면서… 그래서 내가 더 밉다고 하더라고요."

재혼을 통해 새로운 가족체계에 속하게 된 자녀는 자신의 위치가 어디인지를 고민하게 된다. 부모에게 재혼은 새로운 시작이 되지만, 자녀의 입장에서는 친부모를 잃는 상실감으로 받아들여지게 된다. 또한 이혼한 가정의 자녀는 같이 생활하는 재혼가족 부모에게 잘하는 것이 함께 살지 못하는 친부모를 배신하는 것이 아닐까 하는 고민을 하게 된다. 재혼가족의 자녀가 겪는 갈등을 해결하기 위해서는 자녀에 대한 깊은 배려, 많은 인내와 시간이 필요하다.

아슬아슬 중심 잡기

새로운 가족이 모여 생활을 하게 되면 내 자녀와 배우자의 자녀 사이에서 중심을 잡기 어려울 때가 있다. 불가피한 갈등이 생길 때 양쪽 모두의 관점을 유지하면서 그 문제를 살펴볼 필요가 있다. 이때 배우자를 내 편으로 만들어 해결하고 싶은 마음이 크겠지만, 이러한 해결 방법은 어느 누구든 상처를 받게 되므로 득보다는 실이 매우 크다.

이런 경우 부모가 할 수 있는 최선은 무엇일까? 배우자와 친자녀 사이, 배우자와 새자녀 사이, 친자녀와 새자녀 사이에서 중간에 끼여 곤란함을 겪었던 경험을 살펴본다.

재혼가족의 부모는 갈등 대처로 인해 어려움을 겪게 되면 재혼을 쉽게 후회하기도 한다. 그러나 갈등은 초혼가족이나 재혼가족 모두에서 항상 존재하며, 갈등을 통해 서로에 대한 이해나 조정, 화합이 가능하다는 것을 알 필요가 있다. 이처럼 갈등은 문제를 해결하고 대처하는 능력에 따라 상황을 변화할 수 있으므로, 재혼부모는 자녀와의 갈등에서 문제를 해결하는 능력을 향상시키는 것이 중요하다. 달리 생각해 보면, 초혼가족보다 재혼가족이 더욱 노력하기 때문에 행복해질 가능성도 그만큼 높다.

활 동 가 이 드

〈활동지 5-2〉는 가족 사이에서 곤란함을 겪었던 경험을 떠올려 보고, 현명했다고 생각되는 방법과 후회되는 일을 찾아보는 활동입니다.

1. 가족 사이에서 일어난 갈등을 적절하게 대처하지 못해 중심을 잃고 곤란했던 상황을 생각해 봅니다.

2. 그 상황에서 나의 기분은 어땠는지, 어떻게 행동했는지 떠올려 봅니다.

3. 그 상황에서 그런 행동을 했던 이유는 무엇인지 살펴봅니다.

4. 내가 했던 행동이 적절하지 않았다면, 어떤 행동으로 대처할 수 있을지 생각해 봅니다.

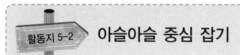

🏠 가족 사이에서 곤란했던 경험에 대해 적어 보세요.

중심을 잃어 본 경험	
기분	
이유	
대안	

갈등에 대처하기

갈등 상황을 해결할 때 어떤 방식으로 의사소통하느냐는 매우 중요하다. 특히 재혼가족은 복잡한 가족 구조의 특성으로 인해 각 구성원들의 문제해결 능력과 의사소통 기술이 더 많이 요구된다.

갈등을 바라보는 태도 바꾸기

재혼가족에서 부모-자녀와의 갈등이 생겼을 때 그 상황을 바라보는 관점과 대처에 따라 갈등의 성격이 달라진다. 그리고 부모가 자녀의 행동을 수정하고자 할 때, 자녀가 보이는 감정과 행동 중 어느 것을 먼저 보느냐에 따라 대응 방법 또한 달라진다. 많은 부모는 자녀와의 갈등 상황에서 자녀가 호소하고 있는 감정은 무시한 채 자녀의 행동만을 지적하는 실수를 한다. 부모는 갈등을 해결하기 위해 대화를 시작했지만, 오히려 자녀는 부정적 감정이 커져서 갈등을 증폭시키게 된다.

자녀가 부정적인 감정을 드러낼 때 부모가 경험하는 감정의 불편함을 어떻게 처리하는가에 따라 부모의 유형을 다음과 같이 세 가지로 나눌 수 있다.

거부적 태도의 부모

자녀와 갈등이 생겼을 때 거부적 태도를 가진 부모는 자녀의 부정적 감정을 표현하지 못하게 하거나 거부함으로써 갈등을 증폭시킨다. 이럴 때 부모는 자녀가 왜 그러는 것인지에 관심을 가지고 감정을 표현할 수 있는 기회를 주어야 한다.

통제적 태도의 부모

자녀와 갈등이 생겼을 때 통제적 태도를 가진 부모는 자녀가 느끼는 감정은 중요하지 않거나 바람직하지 않다고 여겨서 자녀의 감정을 무시하고 자신이 원하는 행동만을 요구한다. 이럴 때 부모는 자신이 원하는 행동보다는 자녀의 감정에 초점을 두고 부정적이든 긍정적이든 그 감정을 표현할 수 있도록 허용해야 한다.

수용적 태도의 부모

자녀와 갈등이 생겼을 때 수용적 태도를 가진 부모는 자녀의 감정을 그대로 수용하고 인정해 줌으로써 갈등을 해결할 수 있게 된다.

거부적·통제적 태도의 부모는 부모-자녀의 갈등 상황에서 자녀가 겪고 있는 심리적 갈등에 대처하는 건강한 방법을 몰라 자신의 감정적 불편함을 남기게 되는데, 이는 자녀양육에서 오는 스트레스의 원인이 되기도 한다. 따라서 갈등 상황에서 부정적 감정을 표현하는 자녀의 감정을 수용하려는 태도는 갈등에 대처하는 태도 또한 변화하게 한다.

갈등을 해결하는 심통심통 대화법

숙제를 미뤄 놓고 컴퓨터 게임에만 몰두하는 자녀와 마음을 터놓고 이야기를 나누고 문제의 해결방법을 찾는다는 것은 부모로서 생각보다 어려운 일이다. 게다가 이것이 매일 반복되는 상황이라면 버럭 소리를 질러 자녀를 단숨에 제압하고 싶은 충동이 생긴다. 컴퓨터를 꺼 버리거나 간식을 제한하거나 하는 방법으로 벌을 주고 싶은 마음도 들 것이다. 그러나 이렇게 하면 부모가 자녀를 키울 때 생기는 어려운 도전거리를 절대 극복할 수 없다.

부모가 자녀의 감정을 이해하고 문제를 해결하기 위한 방법을 찾으려면 어떻게 해야 할까? 이를 위해 심통심통 실천하기의 각 단계를 배워 보자.

〈표 5-1〉 심통심통 실천하기

1단계: 마음 읽기	−감정 가다듬기 −장소, 시간, 상황 확인하기 −6단계 마음 읽기를 통해 서로의 기대 이해하기
2단계: 통하는 생각	−문제해결 실천 아이디어(해결책) 5가지 제시하기 −문제해결에 적합한 아이디어(해결책) 2가지 선택하기 −선정된 아이디어를 실천하기 위한 구체적인 방법 생각하기 −약속 평가를 위한 재약속일 정하기
3단계: 실천하기 (가족회의)	−재혼 이후 우리 가족 안에서 일어난 일들 중 가장 곤란했던 일 찾아보기 −우리 가족만의 새로운 대처 방안을 생각해 보기

출처: 천성문 외(2016).

1단계: 마음 읽기

문제해결을 위해 마음가짐을 가다듬고 적당한 상황과 시간, 장소를 고른다. 말할 상황인지 아닌지를 파악하지 않으면 서로의 관계를 악화시킬 수 있다. 그리고 자녀가 원하는 것과 자녀의 감정에 대해 말한다. 자녀에게 어떤 문제가 있는 것일까? 이미 이해하고 있는 것에 대해 먼저 말함으로써 자녀의 행동 중 몇 가지는 이해하고 있음을 자녀에게 증명해 보이도록 한다. 자녀의 반응을 일단 기다림으로써 자녀에게 생각할 시간과 여유를 주도록 한다. 자녀가 자신이 이해받고 진심으로 부모의 사랑을 받고 있다고 느끼면 이때부터 하고 싶었던 이야기를 시작한다.

우리는 갈등상황에서 다양한 감정을 느낀다. 그 감정은 자신이 원하는 기대나 욕구의 충족여부에 따라 달라지며, 욕구가 충족되었을 때는 긍정적인 감정을 느끼는 반면 욕구가 좌절되었을 때는 부정적인 감정을 느끼게 된다. 따라서 어떤 사건이나 상황 때문에 혹은 어떤 사람 때문에 감정이 올라오는 것이 아니

마음읽기 단계를 이해해 보세요

[상황]

초등학생 6학년인 수진이는 엄마가 재혼한 지 1년이 넘었지만 새아빠에게 아저씨라고 부르고, 새아빠의 말에 대답을 잘 하지 않는다. 엄마는 이제 시간이 흘렀으니 아빠라고 부르라고 하지만 그럴 수가 없다. 그래서 매일 그 일로 엄마와 다투는데, 수진이는 친아빠를 배신하는 거 아니냐고 하지만, 엄마는 수진이가 새가족에 적응하지 못할까 봐 걱정이 되고 새아빠가 불편하고 서운해할까 봐 불안하다. 수진이 엄마는 재혼한 남편을 아저씨라고 부르고 무시하는 딸을 보면 울화가 치밀고 서운하고 서글프다.

[마음을 읽는 단계]

1. 갈등 상황에 느껴지는 감정은 무엇인가요?
   - 울화가 치밀고 서운하고 서글프다.

2. 자녀의 행동이 어떻게 바뀌기를 원하나요? (방법과 수단)
   - 수진이가 새아빠에게 아빠라고 부르고 다정하게 지내기를 원한다.

3. 2번에 원하는 행동이 바뀌면 어떤 점이 채워질까요? (진짜 원하는 것은?)
   - 성공적인 재혼을 했다는 만족감, 안정감, 편안함이다.

4. 자녀는 무엇을 진짜 원할까요? 자녀가 사용한 방법과 수단은 무엇일까요?
   - 친아빠를 배신하고 싶지 않다(욕구).
   - 새아빠를 아저씨라 부른다(방법).

5. 서로가 진짜 원하는 것을 알게 된 후 감정은 무엇인가요?
   - 편안하다.

6. 진짜 원하는 것이 일치하나요? 서로 다른가요?
   - 일치한다.

7. 6번 답이 일치하지 않는다면 서로의 진짜 원하는 것의 기대는 어디까지인가요?(한계 설정) (심통심통 실천하기)
   - 엄마: 아빠라고 부르지 않더라도 대답을 잘했으면 한다.
     자녀: 아빠라고 부를 수 있을 때까지 기다려 달라.

다. 사건이나 상황, 사람이 어떤 감정을 느끼게 하는 자극은 될 수 있어도 감정이 진짜 원하는 것은 아님을 알 수 있다. 그러나 우리는 자신이 진짜 원하는 것을 내 마음 안에 있는 의미를 있는 그대로 표현하지 못하고 나의 충족되지 못한 욕구를 화를 내거나 불편한 감정으로 표현하는 데 익숙해져 있다. 아마도 우리가 필요로 하는 것 또는 우리가 진짜 원하는 것에 대해서 생각하고 다루는 법을 배운 적이 없기 때문일 것이다. 우리가 사람들과 관계할 때 그리고 우리의 삶을 살아갈 때, 자신이 진짜 원하는 것을 알아 가는 것은 매우 중요하다. 나의 욕구를 표현하고 다른 사람의 욕구를 알게 되어 그 욕구를 채우기 위한 기대를 서로 맞춰 갈 때 우리는 만족하는 방법을 찾아가면서 협동하게 되고 행복해진다.

활동을 통해 어떤 것들을 느끼게 되었는가? 이러한 활동은 자신과의 공감을 통해 자신을 표현할 수 있고 타인을 공감하며 타인과 교차하여 서로 간의 존중과 마음을 통하기 위한 전 단계다. 서둘러서 좋은 것은 없으므로 어느 한쪽에서 준비가 덜 되었다면 기다려 주는 것 또한 좋은 해결 방법이 되기도 한다.

2단계: 통하는 생각

통하는 생각은 갈등 문제를 해결하기 위하여 서로의 기대를 이해하고 충족할 수 있도록 힘을 합치는 단계다. 부모와 자녀가 모두 해결책을 제시하고, 부모는 자녀의 생각이 자신과 다르다 하더라도 반대하거나 중간에 설득하지 않는 것이 중요하다. 종이에 해결책 목록을 적은 후 가장 수용하기 어려운 것을 각자 골라 상대방에게 수용할 수 없는 이유를 설명한 후 삭제한다. 남아 있는 해결책을 실천하기 위해 누가, 언제, 무엇을 어떻게 할 것인지 등을 구체적으로 고민하며 서로의 생각을 나누어 본다.

합의된 약속을 약속장에 작성하고 약속의 문제점과 어려움을 확인하여 조정할 수 있는 다음 약속 시간을 정하는 것이다. 부모-자녀 간에 약속을 정한 후 약속이 잘 실천되는지 확인하기 위해 "약속이 명확하게 시행되기 위해서 얼마

동안 이 계획을 실천해 보고 평가할까?" "언제 확인해 볼까?" 등 자녀와 함께 언제 다시 대화할 것인지 미리 정해 놓는 것이다.

이 단계에서 채택된 약속을 약속장에 작성해 주고 매일 평가하며 재약속 일정까지 벽에 붙여 두고 약속을 상기하도록 돕는다. 약속장을 직접 작성하고 손도장을 찍는 등의 활동을 통해 약속장의 소중함에 대해 알려 준다.

Tip

해결책을 찾는 효과적인 방법

- 먼저 해결책을 생각하기 위한 시간을 자유롭게 갖고, 다섯 가지 정도 안에서 해결방법을 적도록 한다.
- 개방적인 질문으로 생각이나 느낌을 자유롭게 말할 수 있도록 하고, 부정적 평가를 받은 해결책을 삭제해 나가며, 부모코치는 공감적 경청을 사용하여 표현된 생각이나 느낌이 모두 이해되도록 하고 촉진한다. 모두가 진정으로 받아들일 수 있는 방법으로 하고, 모두 동의한 해결책이 나올 때까지 각자 충분히 의견을 이야기한다.
- 두 사람이 모두 가능한 해결책을 선택한다. 그리고 실행해 보기 위하여 서로 합의를 한 후 최종 해결책을 채택한다(이 과정에서 서로 간의 존중을 바탕으로 심통심통 대화법을 실시하는 것을 잊어서는 안 된다).
- 서로 간의 약속을 잘 지키기 위하여 도와주어야 할 점에 대해 이야기한다(지키기 위한 규칙이라고 보아도 된다).

출처: 천성문 외(2016).

활동 가이드

〈활동지 5-3〉은 갈등에 대처하는 적절한 해결책을 찾아 실천해 보는 활동입니다.

1. 가족 구성원들이 각자 선택한 해결책을 2개 정도로 추려봅니다.

2. 해결책을 실천하기 위해 서로 도움을 주거나 도움 받고 싶은 점이 있다면 무엇인지 생각해 봅니다.

3. 약속 기한을 정하고 실천한 후, 다시 의논할 날짜도 정해 봅니다.

4. 약속을 지킬 수 있다는 확신이 없다면 처음으로 돌아가서 다시 의논합니다.

통하는 생각: 해결책 찾기

🏠 서로가 선택한 해결책을 구체적으로 작성해 보세요(2개 정도). 그리고 약속을 지키기 위해 서로 도움받을 점을 작성해 보세요.

약속	약속을 지키기 위해 도움받을 점

- 약속 기한을 정하세요.
- 재약속 일도 의논하세요.
- 이 두 가지 약속에 대한 확신이 없다면 다시 처음으로 돌아가세요.

- 약속 기한:　　월　　일(　요일) ~　　월　　일(　요일) 까지
- 재약속일:　　월　　일(　요일)

3단계: 가족회의

재혼가족에서 새롭게 정해야 하는 규칙을 세우기 위해서는 가족끼리의 협력이 필요하다. 가족 안에서의 규칙은 대부분 부모가 일방적으로 정하는 경우가 많지만, 재혼가족의 경우 이미 이전 가족에서 정해진 서로 다른 규칙으로 인해 문제가 발생할 수 있다. 재혼가족만의 새로운 문화를 만들기 위해서는 새로운 규칙이 필요하다. 이럴 때 가족 모두가 참여하고 협력하는 가족회의는 가족의 새로운 규칙을 만드는 데 효과적인 방법이다. 또한 가족회의는 자녀에게 가족 구성원으로서의 책임을 가르치거나, 가족 간의 격려나 칭찬, 어려움 점에 대해 나눌 수 있어 재혼가족의 결속을 다지는 데 도움이 된다.

가족회의를 할 때에는 서로를 존중하는 마음으로 상대방의 이야기를 경청하며, 이야기하는 사람이 말을 마치고 난 후에 자신의 이야기를 해야 하고, 다른 사람의 생각을 모욕하거나 무시하지 않아야 한다. 회의는 너무 격식을 차리지 않는 범위 내에서 짧은 시간 동안 진행하는 편이 효과적이다. 회의에서 가족 구성원 간에 동의하지 않는 주제가 나올 경우 서로 존중해 주어야 한다는 원칙을 세우는 것이 필요하다.

• 재혼 이후 우리 가족 안에서 일어난 일들 중 가장 곤란했던 일을 찾아본다.
재혼가족의 특성상 서로를 불편하게 하지 않으려는 생각으로 지나치게 눈치를 보고 조심하고 배려하다 보면 자신도 모르게 배우자와 자녀 사이, 배우자와 새자녀 사이, 자녀와 새자녀 사이에서 어떻게 행동해야 할지 결정하기가 어려울 때가 있다. 이러한 경험을 살펴봐야 한다.

• 재혼 이후 우리 가족 안에서 일어난 일들 중 가장 곤란했던 일을 찾아본다.
　 −그때 어떤 상황이었는가?
　 −그때 어떻게 했는가?
　 −문제는 잘 해결되었는가?

–해결되지 않았다면 어떤 대안이 있겠는가?

• 우리 가족만의 새로운 대처 방안을 생각해 본다.

  새로운 규칙이 필요할 때 양쪽 모두의 관점을 유지하면서 규칙을 만들 필요가 있다. 이때 어느 한쪽의 일방적인 강요나 주장으로 규칙을 정하기보다는 모두가 동의할 수 있는 규칙을 정하여 서로에게 상처가 되지 않으면서 가족 모두의 의견을 존중할 수 있도록 한다.

  〈활동지 5-4〉와 〈활동지 5-5〉는 모의 가족회의를 통해 가족의 갈등이나 문제를 해결해 보는 활동입니다.

  1. 함께 의논하고 싶은 주제를 정합니다. 처음에는 심각한 주제보다 가벼운 주제를 정하는 것이 좋습니다.

  2. 각자 맡을 역할(의장, 의원, 서기 등)을 정합니다.

  3. 가족 구성원 모두 적극적으로 참여할 수 있도록 발언의 기회를 주고, 서로의 이야기에 경청한 후 긍정적인 피드백을 해 줍니다.

  4. 공통되는 의견이 모아지면 가족 모두 잘 지킬 수 있도록 독려하며 회의를 마무리합니다.

  5. 가족회의(내용을 작성한 후) 후 느낀 점을 이야기합니다.

  6. 〈활동지 5-6〉은 가족회의를 실천해보고 다음 장에서 확인하는 과제입니다.

재혼가족의 장점은 평생을 함께 할 동반자를 다시 만났다는 것이다. 또한 자녀양육을 분담하게 되어 부모역할을 공유할 수 있으며, 경제적으로 안정되어 생활수준이 향상되고, 정신적·육체적으로 외로움을 해소할 수 있다는 것이다. 뿐만 아니라 재혼가족의 부모는 자녀에게 성인의 성역할 모델이 되어 주고, 성인의 적절한 돌봄과 보호를 받을 수 있게 해 준다. 재혼가족의 자녀는 확대가족을 통해 다양한 인간관계를 경험할 수 있다.

이처럼 재혼은 결혼의 기쁨을 다시 형성하기도 하며, 과거 손상된 가족관계로 인한 낮은 자신감을 회복하고, 재혼가족이 합심해서 새로운 방식으로 즐거운 가족생활을 누리는 등의 초혼가족의 부모역할이 갖지 못하는 긍정적인 면도 있다.

활동지 5-4 **모의 가족회의**

🏠 우리 가족의 갈등이나 문제를 떠올려 보고 모의 가족회의 내용을 작성해 보세요.

가족회의 주제	
역할 정하기	엄마: 아빠: 할머니: 할아버지: 자녀 1: 자녀 2: 자녀 3:
회의 내용	
느낀 점	

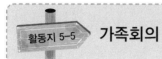

활동지 5-5　가족회의

〈과제〉

🏠 가족회의를 실천해 보세요.

가족회의 주제	
역할 정하기	엄마: 아빠: 할머니: 할아버지: 자녀 1: 자녀 2: 자녀 3:
회의 내용	
느낀 점	

활동지 5-6 Small Big! 작지만 큰 변화

구분	내용
S 라포형성	• 친해지기 활동을 통해 느낀점은?
M 목표설정	• 이 회기를 통해 내가 부모로서 세운 목표는?
I 현실점검	• 지금까지 나의 모습은?
N 대안탐색	• 오늘 활동을 통해 새롭게 알게 된 것은?
D 실행계획	• 오늘 활동을 통해 새롭게 실천할 부모로서의 나의 모습은?

평가	이번 장에 대한 평가	낮음 ◀──────▶ 높음
	✔ 우리 가족의 갈등에 대해 이해하고 알게 되었는가?	① ② ③ ④ ⑤
	✔ 마음을 읽는 6단계를 이해하였는가?	① ② ③ ④ ⑤
	✔ 갈등을 해결하는 방법을 알게 되었는가?	① ② ③ ④ ⑤

6장

행복한 우리 가족

　흔히 "시간은 약이다."라고 말하는데 정말 그렇다. 슬픔, 상처, 치욕, 고통, 실망 이 모든 것을 잊히게 하는 힘은 오직 시간에만 있다. 긍정적인 사람은 시간의 힘을 믿기 때문에 아무리 고통스러운 힘든 일이 닥쳐도 절망하지 않는다. 모든 것은 지나간다. 또한 반드시 좋아진다. 이를 인생의 신조로 삼고, 도저히 극복할 수 없을 것 같은 문제가 생기거나 세상이 끝날 것 같은 절망이 찾아올 때 스스로를 일깨우자. 자신도 다른 사람과 마찬가지로 내일의 새로운 태양을 맞이할 자격이 있고, 똑같이 새로운 하루를 부여받았다는 사실을 그리고 그것을 대면할 '용기'만 있다면 모든 것이 반드시 좋아질 것이라는 사실을 말이다.

　　　　　　　　　　　　　－ 장샤오헝(張笑恒), 『느리게 더 느리게』(하버드대학교 행복학 명강의)

재혼가족은 관계 측면에서 상당한 스트레스와 갈등을 겪으며 생활한다. 이러한 스트레스를 극복할 수 있는 대처 자원으로는 배우자에 대한 지지, 자녀에 대한 믿음과 기대, 소속감 및 연대의식의 공유, 자녀에게 물려주고 싶은 품성, 격려하기 등이 있다. 이러한 대처 자원을 바탕으로 재혼가족의 부모는 긍정적 역할 경험을 하게 되며, 종국적으로는 성숙한 부모로서의 역할을 확인하고 재혼가족이 '우리'라는 의식을 느끼게 된다.

배우자에 대한 지지

> "'남편이 너는 나만 믿고 큰소리 빡빡 쳐라.'라고 해요. 그걸 못하게 하면 내가 살아남을 수 있었을까 싶어요. 우리 남편이 중간에 서서 많이 보듬어 주고 내가 힘들어했을 때 항상 나를 믿어 주고…."
>
> "내가 외로울 때 아내가 있음으로써 생의 활력이 만들어지고, 살면서 믿음도 생기고… 늙어서라도 서로 의지하고 살아야 생각하게 돼요."

신뢰를 바탕으로 한 원만한 부부관계는 결혼생활의 갈등 상황을 완화시켜 주는 중요한 하위 체계다. 즉, 재혼부부 간의 지지와 유대는 재혼생활에서 오는 모든 어려움과 갈등 상황을 이겨낼 수 있는 든든한 버팀목이자 대처 자원이 되는 것이다. 재혼가족이 직면하게 되는 두 가지 관계상의 과업을 언급하였는데, 가족기능을 위한 부부관계의 강화와 부모-자녀관계의 새로운 발전이라는 과업이다(김효순, 2015). 특히 부부관계가 안정적이라면 부모-자녀관계도 발전하게 된다는 점을 강조하였는데, 재혼부부의 강한 유대 형성은 결혼 스트레스를 감소시켜 주는 필수조건이자 긍정적인 부모-자녀의 관계 형성 및 발달에 도움을 주고, 기타 다른 가족 구성원 간의 관계에서도 어려움에 직면할 때 완충 장치를 한다는 것이다.

자녀에 대한 믿음과 기대

"아무리 힘들어도 우리 애가 잘 될 거라는 생각만 하면 힘이 나요. 이제 사춘기도 지나고 조금만 지나면 집에서도 독립할 수 있잖아요. (새)아빠가 아무리 잘 해 주어도 어떻게 애 마음이 편했겠어요. 사춘기 때 속 많이 썩였지만 잘 해낼 거라는 믿음이 있어요."

부모-자녀관계는 모든 인간관계 중 가장 기본적인 관계 및 생물학적 관계이자 인간 생존의 기본적 조건 중의 하나다. 자녀에 대한 양육의 책임을 맡고 있는 부모는 재혼생활의 고달픔 가운데서도 자녀가 성인이 되어 자신의 길을 찾아갈 수 있다는 희망이 있기에 위의 사례처럼 재혼생활도 이겨낼 수 있다고 밝히고 있다.

소속감 및 연대의식 공유

재혼가족이 새롭게 형성된 가족관계에서 오는 갈등 상황을 극복하고 안정화 단계로 접어들었다는 것을 소속감 형성, 연대의식 공유라는 범주를 통해서 확인할 수 있다. 즉, 재혼가족이 재혼생활에 따르는 여러 갈등 상황을 극복하고 안정적인 재혼생활을 영위하게 된다는 것은 재혼가족이 단합된 우리성; 한 가족(we-ness)이라는 연대의식을 서로 공유하게 되는 단계임을 확인할 수 있다. 이렇게 소속감과 한 가족이라는 연대의식을 공유하게 되었을 때 비로소 재혼가족은 '이중핵가족'이나 '불안정한 제도'와 같은 역기능적인 묘사로 표현되는 것이 아닌 단합되고 연대의식을 지니는 친밀한 한 가족으로 거듭나는 것이며, 이로써 성공적인 재혼가족의 삶을 이어가게 된다.

소속감 공유

> "무슨 가족행사가 있을 때 내 남편, 내 자녀이고, 이게 우리 가족이라는 소속감을 확인할 수 있어서 좋아요. 한부모로 살 때는 그럴 기회가 없었던 것 같아요."

재혼부부는 초혼부부와는 달리 낭만적인 로맨스 기간을 충분히 가질 시간적 여유가 없어서 응집력과 연합 전선 형성에 취약하다고 알려져 있다. 그러나 재혼가족이 안정화 단계에 접어들면서 이러한 소속감과 연대의식을 형성하는 것은 재혼가족의 재구조화에 기여하는 중요 요소임을 알 수 있다.

연대의식 공유

> "혼자 살 때는 혼자 늙어 간다는 것, 그러다가 혼자 죽을지도 모른다는 두려운 마음이 있었는데, 옆에 누군가가 있어서 좋아요. 맞벌이를 해서 그런지 생활이 더 안정되니까 좋습니다."

오래 함께 한 부부일수록 연대의식을 공유한 배우자이자 파트너십을 공유한 동반자 의식이 강할 것이다. 위의 사례는 특히 재혼부부에게는 남은 생을 함께 할 수 있다는 연대의식이나 동반자 의식이 재혼생활의 안정감을 높여 주는 긍정적 요인으로 작용함을 보여 주고 있다.

자녀에게 물려주고 싶은 품성

품성이란 사람마다 갖는 독특한 성질 중에서 반복된 삶의 패턴 속에 비교적 지속적으로 나타나는 특성 또는 경향을 말하며, 일반적으로 사람과의 관계 속에서 구체적인 말, 행동 및 태도를 통해 표현된다.

품성은 사람과의 관계를 통하여 변화되는 것이다. 그러므로 삶의 패턴 속에서 지속적으로 반복하게 되었을 때 한 사람의 품성이 형성된다고 말할 수 있다. 개인이 갖게 되는 품성은 환경과 문화, 전통에 영향을 받게 되는데, 자녀에게 있어서 가장 직접적인 영향을 주는 사람은 바로 부모다. 부모로부터 경험하게 되는 삶의 방식에 반복하여 반응하면서 품성이 형성되고, 더 나아가 성장하면서 자신이 어떻게 반응할 것인가를 결단하므로 개인적인 품성이 구체화된다. 행복한 재혼가정을 만들어 가기 위해서도 긍정적인 품성이 필요하다.

많은 품성 중에서 여기서 강조하고 싶은 것은 용기, 자존감, 상호 존중, 책임감, 협동심이다. 이 다섯 가지 품성들은 별개의 것이 아니라 상호작용을 통해 개발된다.

용기

오늘날처럼 복잡한 사회에서는 순간순간 선택 속에서 살아가야만 하는데, 그러한 선택의 순간에 용기는 중요한 품성이다. 아들러(Alfred Adler)와 처칠(Winston Churchill)은 모든 인성적 자질은 용기에서 비롯되므로 용기가 가장 중요한 특성이라고 입을 모아 이야기했다.

용기란 하나의 느낌이다. 용기란 이미 알고 있는 목표를 위해서 위험을 감수하면서 하는 도전을 의미한다. 또한 우리가 위험을 두려워하지 않는 것이 아니라 실패에 대한 두려움이 있음에도 불구하고 기꺼이 그 위험을 감수하는 마음이다.

2013년 MBN 방송국 〈엄지의 제왕〉이라는 프로그램의 '황혼 이혼과 재혼의 모든 것' 편에 따르면, 재혼부부 10쌍 중에 7쌍이 이혼을 한다고 한다. 이처럼 재혼의 이혼율은 초혼의 이혼율에 비해 매우 높은 상황이다. 이러한 사실을 알고 있음에도 재혼을 선택한 재혼부부는 매우 용기가 있는 사람이며, 앞으로 생길 문제 또한 잘 해결할 수 있으리라고 봐도 될 것이다.

용기의 품성을 갖추게 되면 삶의 여러 가지 어려움에 섰을 때 끝까지 노력할 것이고, 때로 실패하더라도 포기하지 않고 다시 도전할 수 있다. 용기는 인간 잠재력의 핵심이다.

자아존중감

용기를 내기 위해서는 자신에 대해 생각하는 긍정적인 생각이 필요하다. 자아존중감이란 '나는 능력 있고 사랑스러운 인간으로서 잘 해낼 수 있다'는 신념이다. 자신에 대해 좋게 생각하고 또 성공할 수 있다고 생각할 때, 위험을 감수할 수 있을 용기를 갖게 된다. 자아존중감은 가지고 태어나는 게 아니라 개발되는 것이다.

재혼가족의 구성원은 이전 가족의 해체와 새로운 가족의 재형성 과정에서 혼란, 상실 및 변화를 경험하게 되며, 새부모에 대한 부정적인 사회의 편견 등으로 자아존중감이 낮아질 수 있다. 사람은 어려움이나 복잡한 도전에 직면했을 때, 자신이 믿고 있는 만큼 어려움을 이겨내게 된다. 살아가면서 문제나 실패를 겪지 않는 사람은 없다. 다만, 실패나 문제를 만났을 때 잘 헤쳐 나감으로써 성공에 대한 자신감이 커지고, 자아존중감이 더 커지게 되는 것이다. 지금까지 어려운 문제들을 슬기롭게 해결해 온 자신을 믿고 앞으로도 지혜롭게 대처해 갈 수 있는 능력을 강화한다면 실패보다 더 많은 성공을 이룰 수 있을 것이다. 재혼부모의 자아존중감이 향상되면 자녀에게도 긍정적인 영향을 끼친다. 자녀는 부모의 모습을 보며 실패를 배움의 기회로 여기며 포기하지 않고, 긍정적 행동을 통해 삶의 문제와 씨름해 마침내 성공하게 된다.

상호 존중

재혼가족은 서로 다른 가족의 문화와 역사를 가지고 있다. 상호 존중은 서로를 이해할 수 있도록 도와주며, 가족이라는 공동의식과 공동의 정체성을 확립할 수 있도록 해 준다. 상호 존중은 자신과 타인의 가치를 인식하고 상대방의 생각을 수용하여 이를 행동과 태도로 표현하는 것이다.

재혼가족을 단단히 묶어 줄 수 있는 유대감은 초혼가족에서처럼 자연적으로 생기기 어려우며, 또한 생긴다 하더라도 오랜 시간이 필요하다. 재혼가족의 구성원이 서로 존중하는 태도를 기른다면 유대감 형성에 많은 도움이 된다.

재혼가족에서 부모역할을 성공적으로 수행하기 위해서도 자녀에 대한 존중이 필요하다. 새로운 가족의 일원이 되기를 원하지 않는 자녀가 반항을 할 경우 재혼생활을 유지하는 것이 어렵게 된다. 이때 부모가 자녀를 존중해 주게 되면, 자녀는 자기 자신을 존중하게 되며 반항의 행동은 줄어들 것이다. 이에 더하여 다른 사람에게도 존경심을 가지고 대하는 것을 배우게 된다. 부모가 자녀를 존중하는 것은 자녀가 부모를 존경하도록 가르치는 좋은 방법이다. 성공적인 재혼생활은 모든 가족 구성원의 노력으로 이루어지고, 이를 위해 상호 존중은 꼭 필요하다.

책임감

재혼가족의 부모는 자녀에 대해 재정적 · 법적 · 정서적인 양육과 책임감을 가져야 한다. 책임감은 자신의 의무를 받아들이고, 상황이 요구하는 대로 올바른 행동을 하며, 자신이 내린 결정에 대해 책임지는 것이다.

재혼을 선택했음에도 불구하고 부모의 역할을 수행하는 것에 대해 많은 어려움을 느끼게 되면, 일부 부모들은 자신에게 부여된 부모로서의 역할에서 벗어나기를 원하기도 한다. 부모로서의 의무를 받아들이고 자신의 결정에 대한 책임을 지기 위해 부모역할을 올바로 수행해야 한다.

재혼가족의 구성원은 새로운 가정을 꾸리기 전에는 각자 이전 가정에서 정한 책임감을 수행하며 살아왔을 것이다. 그러나 재혼가족을 이루면서는 가족체계 내에서 누가 어떤 역할을 수행해야 하는지에 관해 가족 구성원 모두가 명확하게 인식하지 못한다. 그러므로 재혼가족 체계 내에서 각자 수행해야 할 책임에 대해 다시 의논하고 정하는 것이 필요하다.

재혼가족 안에서 생활한다는 것은 생각했던 것보다 훨씬 많은 어려움과 인내를 요구한다. 누구든 어려운 문제에 부딪히게 되면 자신의 문제를 다른 사람이나 환경 탓으로 돌리고 변명을 늘어놓기가 쉽다. 실수를 했을 때 변명과 책임전가를 하기보다 그 결과를 받아들이면, 그 실수를 통해 책임감을 배울 수 있다. 자녀는 부모의 이와 같은 과정을 생활 속에서 함께 보고 배우며 성숙한 성인이 될 것이다.

협동심

부모역할은 팀워크다. 특히 재혼가족에서 부부의 협력은 필수적이다. 재혼가족은 두 가정이 하나로 묶인 것이므로 이를 하나로 바라볼 수 있는 눈이 필요하다. 부모가 서로를 비난하고 기를 꺾으면서 어느 한 자녀의 편을 들거나 자녀가 보는 앞에서 훈육 방법의 의견 마찰을 보이면 부모역할을 수행하기가 더 어려워지며, 자녀에게 가족이 하나라는 시각을 갖게 하기 어렵다. 부부간의 비난이나 의견 마찰은 부부의 결속을 약화시키고, 이후 자녀의 그릇된 행동에 대한 여지를 주게 된다. 당신의 친자녀가 그릇된 행동을 할 때 배우자가 훈육의 자리에 함께 참여하게 하고, 자녀와의 갈등 상황에서 배우자와 협동해야 하며, 서로의 의견을 존중해야 한다. 특히 새로 꾸려진 재혼가족이 서로에 대해 눈치를 보고 긴장하고 있다면 더욱 서로를 지지하는 노력이 필요하다.

    지금까지 살펴본 다섯 가지 품성들은 별개의 것이 아니라 함께 상호작용한다. 성공적인 재혼가정을 만들기 위해서 부모 스스로가 이와 같은 품성들을 갖추게 되면 자녀도 이를 자연스럽게 받아들이게 될 것이다.

활동 가이드

    〈활동지 6-1〉은 우리 가족의 장점을 찾아서 서로를 격려히고 자아존중감을 높이는 활동입니다.

1. 내가 이미 가지고 있거나, 꼭 필요한 품성은 무엇인지 생각해 봅니다.

2. 나와 배우자, 자녀들의 장점을 찾아서 구체적으로 적어 봅니다.

3. 나는 배우자와 자녀들에게 어떤 격려의 말을 듣고 싶은지, 내가 해 주고 싶은 격려의 말은 무엇인지 살펴봅니다.

4. 서로에게 격려의 말을 해 주고 느낌을 나누어 봅니다.

활동지 6-1   우리 참 괜찮지!

🏠 우리 가족의 장점을 찾아서 격려의 말을 적어 보세요.

대상	가지고 있는/ 필요한 품성	장점	지지와 격려의 한 마디
나			〈듣고 싶은 말〉
배우자			〈해 주고 싶은 말〉
자녀 1			〈해 주고 싶은 말〉
자녀 2			〈해 주고 싶은 말〉
자녀 3			〈해 주고 싶은 말〉

가족이 함께 하는 놀이: 우리는 ○○다!

• 우리 가족에 대한 정의를 내려 봅니다.

우리 가족을 어떤 말로 표현하면 좋을지를 우리 가족만의 특별한 특징과 우리 가족만의 장점, 그리고 우리 가족의 구성원을 한 명 한 명 동물이나 특정한 상징물 등으로 생각해 보고 이런 특징들을 하나로 표현해 낼 수 있는 공통점이나 상징할 만한 상징물을 생각해 봅니다. 또한 구 상징물은 내가 희망하는 가족을 상징할 수 있는 상징을 찾아봅니다.

–우리 가족이란 어떤 의미인가요?

–우리 가족만의 특징, 장점, 우리 가족 구성원을 동물로 비유한다면 무엇일까요?

–우리 가족의 소원은 무엇일까요?

• 우리 가족을 상징할 수 있는 예쁜 마스코트, 상징물을 생각해 봅니다.

–우리 가족 모두를 하나의 꽃이나 동물 또는 다른 어떤 것으로 표현해 본다면 어떤 것으로 대표할 수 있나요?

–내가 원하는 가족의 모습을 상징할 수 있는 상징물은 어떤 것이 있나요?

• 칼라점토를 나누어 주면서 가족의 상징물을 만들어 보게 하고 만든 후 각자의 작품을 소개하고 만들면서 느낌을 소개해 봅니다.

활동가이드

　〈활동지 6-2〉는 그동안 우리 가족이 함께 했던 행복한 순간을 기억해 보는 활동입니다.

1. 재혼가족으로서 새로운 역사와 추억을 만들어 가는 동안 겪었던 어려움을 떠올려 봅시다.

2. 재혼 이후 함께 한 여행/추억/놀이를 그려 봅시다.

3. 행복했던 순간을 적어 봅시다.

4. 서로의 추억을 공유하면서 느낌을 나누어 봅시다.

활동지 6-2 **우리의 행복한 순간: 가족앨범**

🏠 재혼 이후 함께한 여행/놀이/추억을 그려 보세요.

🏠 행복했던 순간을 적어 보세요.

제목:

년 월 일 요일

감사편지 쓰기

재혼 이후의 함께 한 가족들과의 관계를 회상해 보고 각각의 구성원에게 하고 싶은 이야기를 생각한 후 감사하는 마음을 전할 수 있도록 한다. 가족에게 어떤 감사를 하고 싶은지, 누구에게 어떤 일에 대해 감사하는지를 생각해 보고 감사의 마음을 전할 수 있도록 한다.

활동 가이드

〈활동지 6-3〉은 감사의 마음을 전하고 싶은 가족에게 편지를 써 보는 활동입니다.

1. 우리 가족에게 감사하고 싶은 일을 찾아봅니다.

2. 재혼 이후 지금까지 가족들과 함께 한 일들을 생각해 보고 서로에게 감사할 일들을 생각한 후 가족에게 감사편지를 씁니다.

3. 편지의 내용을 읽으면서 각자의 느낌을 나누어 봅니다.

감사편지 쓰기

🏠 감사를 전하고 싶은 가족 구성원에게 편지를 써 보세요.

_____에게

이렇게 달라졌어요

1장에서 우리 가족의 적응 단계를 점검하였던 것이 기억나는지 살펴본다. 내가 생각했던 그 당시의 적응 단계와 지금의 단계는 차이가 있는지 예상해 보고, 차이가 있다고 느낀다면 어느 단계이며 차이가 생긴 이유에 대해 생각해 보고 서로 느낌을 나눈다.

다음을 참고하여 재혼 적응 단계를 살펴본다.

- 나는 어떤 단계에 있었다고 생각했는가?
- 현재는 어떤 단계에 있는가?
- 이렇게 달라지게 된 이유는 무엇인가?

프로그램을 시작할 때 세운 프로그램 참여 목표를 살펴보고 내가 어느 정도 이루었는지를 점검해 본다. 첫 회기에 세운 각자의 목표를 기억해 보고 자료를 통해 확인해 본 후 어느 정도 이루어졌다고 생각하는지, 이렇게 변화하게 된 이유가 무엇인지, 목표로 정한 것 중에 아직까지 이루지 못했다고 느껴지는 것이 있다면 어떤 점인지 앞으로 살아가면서 어떻게 하고 싶은지를 생각해 보고 서로 생각을 나눈다.

- 나는 어떤 목표를 세웠는가?
- 내가 세운 목표가 어느 정도 이루어졌는가?
- 나는 이 목표를 이루기 위해 어떤 노력을 하였는가?

자신이 세운 목표 중 아쉽지만 아직 부족하다고 느끼는 것을 살펴보고 앞으로 어떤 노력을 하고 싶은지 생각해 본다.

- 아직 목표에 도달하지 못했다고 느끼는 것은 무엇인가?
- 앞으로 우리 가족이 함께 노력해야 할 부분은 무엇인가?

활동 가이드

〈활동지 6-4〉는 우리 가족이 재혼 적응 단계 중 어느 단계에 있는지 생각하고 점검해 보는 활동입니다.

1. 온맘 재혼가족 부모교육 코칭프로그램 참여 전과 후를 비교해 보고, 우리 가족이 어느 단계에 있다고 생각하는지 체크해 봅니다.

2. 온맘 재혼가족 부모교육 코칭프로그램 참여 전과 후의 변화가 있었다면, 그 이유는 무엇인지 살펴봅니다. 만약 변화가 없었다면 변화되지 않은 이유를 생각해 봅니다.

활동 가이드

〈활동지 6-5〉는 코치로서 노력했으나 지금까지 해결하지 못한 부분을 알아보고 보완해 보는 활동입니다.

1. 자녀와 갈등을 해결하기 위해 노력해서 잘 해결한 것과 해결하지 못한 것을 구체적으로 적어보고, 그 이유를 생각해 봅니다.
2. 의견을 나눌 수 있는 코치에게 찾아가 해결하지 못한 부분에 대해 코칭을 받고, 그 내용을 정리해 봅니다.

활동지 6-4 우리 가족은 이제

🏠 우리 가족은 지금 어느 단계에 있는지 생각해 보고 그 이유를 적어 보세요.

단계	내용	이전	지금
부정	• 자신이 보고자 하는 것만 인식하고 불편한 문화적 차이를 보지 않으려고 함 • 문화가 서로 다른 사람들과는 거리를 유지하고 장벽을 쌓으며, 주로 친근하고 문화적으로 유사한 사람들과만 어울림		
방어	• 다른 가족의 문화에 대한 부정적 평가와 관계없이 자신의 문화를 긍정적이며 우수하다고 여김 • 새로 접하여 적응한 가족의 문화를 우월한 문화라 여기는 반면, 자신의 이전 가족의 문화 또는 배우자의 가족 문화를 부정적으로 평가함		
최소화	• 여러 문화 사이에 존재하는 차이에 대한 깊은 이해 없이 단순히 문화를 표면적으로 인지함 • 이 세상에는 모든 사람이 따르는 보편적인 원칙, 신념, 제도가 존재한다고 믿음		
수용	• 표면적 문화 차이는 물론 심층적인 문화 차이에 관해서도 지각함 • 문화적 맥락에 따라 그리고 문화마다 적절한 행동이 달라질 수 있음을 인정함		
적응	• 다른 가족의 문화를 경험하고 그 경험에서 현재 가족문화에 적절한 행동과 관점으로 변화할 수 있는 상태임 • 인지적인 것만이 아니라 정서와 행동의 변화까지도 포함하며, 자신의 가족문화와 배우자 가족문화 사이에서 자유롭게 이동함		
통합	• 가족문화의 정체감을 둘 혹은 그 이상의 문화적 주변성과 관련지어 생각하고 자기만의 가족문화를 주장하지 않음 • 서로 다른 가족의 문화에서 자유롭게 이동할 수 있는 능력을 가지고 새로운 가족문화의 정체감을 확립함		
변화의 원인/변화하지 않은 이유			

활동지 6-5　**나는 코치다!!**

🏠 자녀와의 갈등을 잘 해결한 것과 해 보려고 노력하였으나 부족하여 대처하기 어려웠던 것
　이나 해결되지 못한 것들에 대해 적어 보세요.

🏠 가까이에 있는 코치를 찾아가 해결되지 못한 부분에 대해 코칭을 받아 보고, 아직 부족하다
　고 느끼는 것에 대해 앞으로 어떤 노력을 할 것인지 적어 보세요.

많은 변화와 성장을 하였지만 그럼에도 불구하고 힘든 부분에 대해 나름의 노하우를 주고받음으로써 코치의 역할과 피코치 역할을 경험하였다. 이러한 경험을 통해 부모는 코치로 성장한다. 이제 부모는 코치다!

온맘 재혼가족 부모교육 코칭프로그램을 통하여 이전의 나와 다른 나를 확인해 보자.

🔵활🔵동🔵 가🔵이🔵드

〈활동지 6-6〉은 온맘 재혼가족 부모교육 코칭프로그램을 통해 변화하고 성장한 나를 확인해 보는 활동입니다.

1. 프로그램에 참여하면서 새롭게 알게 된 것은 무엇인지 살펴봅니다.

2. 프로그램의 내용과 활동 중에서 나에게 가장 도움이 되었던 것은 무엇이며, 그 이유는 무엇인지 생각해 봅니다.

3. 프로그램에 참여하는 가운데 나에게 가장 의미 있었던 순간은 언제였으며, 어떤 의미가 있었는지 떠올려 봅니다. 그리고 그 순간이 나에게 의미 있었던 이유에 대해 생각해 봅니다.

4. 프로그램을 통해 코칭을 받으면서 내가 변화된 점(행동이나 생각)은 무엇인지 살펴봅니다.

5. 내가 코칭을 받고 다시 자녀를 코치하는 과정을 통해 자녀가 변화된 점이 있다면 어떤 것인지 적어 봅니다.

6. 프로그램에 참여한 후 우리 가족의 달라진 모습을 살펴봅니다.

이전의 나와 다른 나

🏠 프로그램을 통해 달라진 내 모습에 대해 적어 보세요.

1. 프로그램을 하면서 새롭게 알게 된 것은?

2. 나에게 가장 도움이 되었던 활동과 그 이유는?

3. 프로그램 진행 가운데 나에게 가장 의미 있었던 순간과 그 이유는?

4. 코칭받음으로써 내가 변화된 점은?

5. 내가 자녀를 코치함으로써 자녀가 변화된 점은?

6. 온맘(OnMam) 재혼가족 부모교육 코칭프로그램을 한 후 달라진 우리 가족의 모습은?

재혼가족의 성공을 위해서

재혼가족은 각기 어려움이 다르고 특징도 다르기 때문에 성공적인 재혼가족의 생활이 무엇인가에 대한 정답은 없지만 절대적으로 필요한 요소가 있다. 재혼가족을 성공적으로 만들어 가기 위한 방법은 다음과 같다.

상실감과 변화 처리

재혼가족의 자녀는 친숙하고 사랑하는 사람과 이별하는 상실을 경험했다. 자녀는 부모의 재혼으로 인해 변화하기 이전의 환경에서 머무는 것을 더 좋아할 수 있다. 어린아이의 경우에는 슬프다는 표현 대신 울거나 화를 내거나 반항하기도 한다. 이럴 때에는 슬프거나 화나는 감정을 표현하게 하고, 변화에 대한 불안함을 받아 주어야 한다. 자녀의 감정을 지지해 주며, 감정을 폭발시키는 대신 말하도록 돕고, 자녀가 변화에 적응할 수 있도록 시간을 갖고 기다린다.

발달적 욕구의 이해

재혼가족은 부부와 자녀 모두 각기 다른 발달단계에 있기 때문에 각자의 욕구가 다르다. 이는 가족 구성원의 모든 욕구를 맞추는 것이 어렵다는 것을 의미하며, 가족 중 서로 반대되거나 모순되는 경우도 있다. 그렇기 때문에 서로의 욕구를 충족시켜 주기 위해 융통성과 인내심을 키워야 한다. 재혼가족의 부모는 자녀의 발달단계에 대해 배우고 부모역할 교육을 받는 것이 좋다.

새로 만든 가족 전통과 역사

가족의 새로운 전통을 만들어 재혼가족의 결속력을 높이는 것이 필요하다. 이를 위해 재혼가족의 부모는 빠른 시간 내에 자녀와 친밀감을 형성하고, 부모와 자녀가 함께 가정규칙을 정하며 문제를 해결하고 평가할 경우에는 가족회의를 이용한다. 또한 배우자와 자녀의 다른 생활방식에 대해 옳고 그름을 판단하지 말고 서로 다르다는 것을 인식하고, 훈육할 경우에는 판단을 서두르지 않도록 한다. 또한 친부모는 새부모가 자녀와 친해질 수 있도록 기회를 만들어 준다.

견고한 부부 동맹

자녀는 이성 간의 협력에 대한 첫 번째 경험을 부모의 결혼생활을 보며 배운다. 재혼가족의 자녀는 가정이 해체된 경험을 하였으므로, 부부간에 안정적인 사랑을 지속하는 것은 부부뿐만 아니라 자녀를 위해서도 중요하다. 부모의 공동 방식은 자녀에게 안전감과 안정감을 느낄 수 있게 해 주고, 부부의 협력적인 모습은 자녀가 성인이 되어 자신의 가정을 만들 때 부부로서 어떻게 살아야 하는지 역할 모델이 된다. 부부는 둘만의 시간을 보낼 수 있도록 계획을 세우고, 자녀에 대해서 서로 돕고 일관된 양육태도를 지니도록 하며, 경제적인 문제는 같이 해결하도록 한다.

전 배우자와의 협력

결혼관계는 끝나도 부모-자녀관계는 계속 유지되므로 자녀가 건강한 성인으로 자랄 수 있도록 전 배우자와 협력하여 자녀를 양육하는 것이 필요하다. 자녀는 비동거부모를 자주 만나지는 못하더라도 자신이 부모에게 사랑받고 있다

고 느끼면 자아존중감이 높아진다. 그러므로 자녀에게 전 배우자에 대해 부정
적으로 말하지 않도록 하고, 전 배우자와의 관계에서 해결되지 않은 갈등에 자
녀를 끌어들이지 않아야 한다.

'나는 부모코치다' 선언식

🏠 '1장의 〈활동 1-3〉'에서 작성한 〈나는 ○○○ 부모가 되고 싶어요〉를 찾아 적어 보세요.

선언합니다!!

나 (　　　　　)는 ＿＿＿＿＿＿＿하는 부모가

되기 위해서 자녀와의 관계에서

＿＿＿＿＿＿＿하기로 선언합니다!!

년　　월　　일

응원과 칭찬, 격려의 말을 적어 주세요!!

활동지 6-8 **Small Big! 작지만 큰 변화**

구분	내용
S 라포형성	• 친해지기 활동을 통해 느낀 점은?
M 목표설정	• 이 회기를 통해 내가 부모로서 세운 목표는?
I 현실점검	• 지금까지의 나의 모습은?
N 대안탐색	• 오늘 활동을 통해 새롭게 알게 된 것은?
D 실행계획	• 오늘 활동을 통해 새롭게 실천할 부모로서의 나의 모습은?

	이번 장에 대한 평가	낮음 ←——→ 높음
평가	✓ 가족이 함께 하는 활동을 찾고 적어 보았는가?	① ② ③ ④ ⑤
	✓ 나는 부모코치다: 해결되지 않았던 갈등 상황이 해결되었는가?	① ② ③ ④ ⑤
	✓ 프로그램을 마치면서 나의 변화되고 성장한 모습을 확인하였는가?	① ② ③ ④ ⑤

●참고문헌●

김효순(2015). 재혼가족 관계형성을 위한 프로그램 효과: 청소년기 자녀를 둔 재혼
　　자 중심으로. 보건사회연구, 36(3), 239-269.

Adler, A. (2015). 위대한 심리학자 아들러의 가족이란 무엇인가. 신진철 역. 서울: 소
　　울메이트.
Van Hook, C., W. (2004). Preparing teachers for the diverse classroom: A
　　developmental model of intercultural sensitivity. Retrieved March 25, 2009,
　　from http://ceep.crc.uiuc.edu/pubs/katzsym/vanhook/html

●찾아보기●

저자 소개

김미옥(Kim Miok)
경성대학교 교육학과 교수(상담심리학 박사)
한국부모교육코칭학회 부학회장
마음나무심리상담센터장
SM심리상담연구소 자문위원
〈대표 저서〉 『대학생을 위한 진로코칭』(공저, 학지사, 2017),
　　　　　　 『학교상담 교육실습 매뉴얼』(공저, 학지사, 2014) 외 다수
〈자격증〉 상담심리사 1급, 전문상담사 1급, 교육상담전문가 1급 외

천성문(Cheon Seongmoon)
경성대학교 교육학과 교수(상담심리학 박사)
(사)한국상담학회 학회장
서울대학교 초빙객원교수
Stanford University 연구 및 방문교수
〈대표 저서〉 『상담심리학의 이론과 실제(3판)』(공저, 학지사, 2015),
　　　　　　 『학교집단상담의 실제(2판)』(공저, 학지사, 2013) 외 다수
〈자격증〉 상담심리사 1급, 수련감독전문상담사, 정신보건임상심리사 외

심운경(Sim Woonkyung)
경성대학교 교육학과 외래교수(상담심리학 박사)
경성대학교 학생상담센터 객원상담원
한국임상예술치료학회 총무이사
〈대표 저서〉 『부모교육 코칭전략과 실제』(공저, 센게이지러닝, 2016) 외 다수
〈자격증〉 부모교육코칭전문가 1급, 교육상담전문가 1급 외

김찬미(Kim Chanmi)
경성대학교 교육학과 상담심리전공 석사
한국부모교육코칭학회 총무이사
경성대학교 학생상담센터 상담원
〈자격증〉 부모교육코칭전문가 1급, 교육상담전문가 2급 외

온맘 재혼가족 부모교육 코칭프로그램
OnMam The Stepfamily Parent Education Coaching Program

2017년 3월 20일 1판 1쇄 인쇄
2017년 3월 30일 1판 1쇄 발행

지은이 • 김미옥 · 천성문 · 심운경 · 김찬미
펴낸이 • 김진환
펴낸곳 • (주)**학지사**

04031 서울특별시 마포구 양화로 15길 20 마인드월드빌딩
대표전화 • 02-330-5114   팩스 • 02-324-2345
등록번호 • 제313-2006-000265호

홈페이지 • http://www.hakjisa.co.kr
페이스북 • https://www.facebook.com/hakjisa

ISBN 978-89-997-1214-2 93370

정가 14,000원

이 도서의 국립중앙도서관 출판시도서목록(CIP)은 서지정보유통지
원시스템 홈페이지(http://seoji.nl.go.kr)와 국가자료공동목록시스템
(http://www.nl.go.kr/kolisnet)에서 이용하실 수 있습니다.
(CIP 제어번호: CIP2017006269)

•·······················• 교육문화출판미디어그룹 **학지사** •·······················•

심리검사연구소 **인싸이트** www.inpsyt.co.kr
원격교육연수원 **카운피아** www.counpia.com
학술논문서비스 **뉴논문** www.newnonmun.com